# Antología Poética

# Mario Baeza G.

Compilado por Manola Demartin-Baeza

Editorial: El FARITO

Concepto gráfico, diagramación: Philippe Demartin

Copyright © 2017 Manola Baeza Gacitúa

ISBN: 9563686543

ISBN-13: 978-956-368-654-8

Email: manola@demartinenchile.com

# ÍNDICE

INTRODUCCIÓN..................................13

DEDICATORIA...................................23

MUSA..........................................25

PRIMERA TIENDA................................29

REFLEXIÓN

    CREACIÓN..................................33

    TOMA LA VIDA..............................37

    MÚSICO VIAJERO............................39

    ESTRIBILLO................................41

    REFLEXIÓN.................................44

    LAS PALABRAS..............................45

    VIAJE.....................................48

    COLOQUIOS.................................50

    A PROPÓSITO DE DISCUSIONES................52

    BALADA SENCILLA...........................54

    ES FRECUENTE..............................57

    ANTIFONARIO...............................58

    HORTELANO.................................61

    HAMBRE....................................62

    IMPROPERIOS...............................64

    TRÍPTICO DE CAMBIOS.......................85

    CARIDAD...................................91

    MATILDE...................................92

    ANOCHE, ANA MARÍA.........................96

    RESPUESTA A ISABEL........................98

TORRE DE BACACAY.................................................99

HOLA, SOY ALEX.................................................102

SALIERON LOS CUARENTA.................................105

REUNIÓN.................................................................110

INFELIZ.....................................................................113

ESTOY RENDIDO....................................................114

PADRE BACH..........................................................117

SU SOMBRA...........................................................120

PEDRO, EL RELOJERO..........................................123

JUAN, EL CAMPANERO.........................................126

INVITACIÓN A LA PAZ............................................129

MI LENGUA...............................................................137

DESCONCIERTO......................................................138

GENEROSIDAD.......................................................140

TEMORES.................................................................141

DESCONTENTO......................................................143

CON MI SUEÑO......................................................145

DELIRIO...................................................................146

LA VISITA................................................................148

EL FOGONERO......................................................151

ESA MOZA.............................................................152

DICHA....................................................................154

## MI TIERRA

TIERRA.....................................................................159

AIRE..........................................................................163

AGUA........................................................................166

FUEGO......................................................................170

NIEVE.......................................................................173

CATALEJO.................................................176
CANCIÓN.................................................178
GUITARRA.................................................180
MONÓLOGO.................................................182
EL RÍO.................................................184
FLORES.................................................187
FRANKLIN CON BIO BIO.................................................190
MERCADO.................................................193
DESCANSO.................................................196
IMPOSIBLE.................................................197
TERREMOTO.................................................198
CAMPESINO.................................................201
EL RAPTO.................................................204
ESTE ERA UN NIÑO.................................................207
TE ESCUCHO.................................................209
CONVERSEMOS.................................................211

SEGUNDA TIENDA.................................................213

PATRIA HERIDA
CALLAN LOS ENCANDILADOS.................................................217
VENENO SIMPLE.................................................218
POBRE DE TI.................................................219
RITUAL.................................................221
ALLÁ VIENEN.................................................222
DESTINO.................................................223
EL ATAQUE.................................................224
MALA HORA.................................................226
INTERVENCIÓN.................................................227

POCO FALTA.................................................229
YO SE QUE VOLVERÁS.................................231
UN DÍA......................................................232
ENEMIGO...................................................233
PALMOTEO.................................................235
SOLDADOS NIÑOS.....................................236
LOS MUERTOS...........................................239
SEMILLA....................................................240
AUSENCIAS...............................................242
AQUEL ONCE.............................................244
ESPERANZA...............................................246
NO PUEDE LLOVER....................................248
YA NADIE QUIERE......................................249
LA CANCIÓN HERIDA..................................250
A LAS DIEZ DE LA MAÑANA........................251
FORMULARIO.............................................254
LA PEDRADA.............................................255
LLEGARÁ...................................................256

## EXILIO

EXTRANJERO SOY.......................................261
MI SOLEDAD..............................................263
PENA ENTERRADA QUE TE CUENTO...........265
DE LAS DESPEDIDAS.................................289
MIS DENUNCIAS........................................292
DICES QUE REGRESAS...............................296
FALTA UN SITIO.........................................299
EN MEDIO DE LA NOCHE............................302
MIS VENTAJAS...........................................305

TERCERA TIENDA..............................................309

## DEMENCIA

¡OH, LOS DEMENTES!...............................313
HOSPITAL....................................................315
EL ENCUENTRO..........................................317
DEMENCIA.................................................320
EN PAREJAS...............................................322
HOSPITAL PSIQUIÁTRICO......................324
MIS CONSULTAS.......................................327

## AMOR

VIAJERO ALEGRE......................................335
¡AY AMOR!................................................338
DOS MANOS EN LA MESA.....................339
CONFIDENCIA...........................................343
VIAJERO TRISTE.......................................345
SOY FELIZ.................................................347
TU COMPAÑÍA..........................................350
ENCUENTRO..............................................351
TU LLAMADA............................................352
MI VERSIÓN..............................................355
DISTANCIA...............................................356
FUERON DOS AÑOS.................................357
PIENSO EN TI...........................................359
SE FUE......................................................362
RECADO....................................................365
DE LOS ADIOSES.....................................367

ECLIPSE................................................369

LLAMADO...............................................371

¡QUÉ MARAVILLA!.......................................372

LOS ADIOSES...........................................374

DESPUÉS DE DIEZ AÑOS..................................376

TUS OJOS..............................................378

VEN...................................................379

VISIÓN................................................380

EL MILAGRO............................................381

CUÉNTAME..............................................383

DULZURA...............................................386

RUEGO.................................................387

¡AY, MUJER!...........................................388

ANIVERSARIO...........................................390

MUJER NUEVA...........................................392

LOS MÍOS..............................................394

UN AMIGO..............................................396

DUÉRMETE JAVIERA......................................398

CONVITE...............................................400

NO LLORES.............................................402

EL COMBATE............................................404

MI NIÑO...............................................408

SE ME HA PERDIDO UNA HIJA.............................409

RECADERO..............................................411

CUANDO ES TIEMPO......................................412

CINCUENTENARIO........................................414

AMOR..................................................415

## ESE PERSEGUIDOR MISTERIO

TRES REYES MAGOS................................................419

FELICIDADES – FACILIDADES..................421

ÁNGELES Y PASTORES.............................423

VAIVÉN DE CANTOS PARA CONTAR AL
NIÑO MIS DESEOS.....................................424

LA VERDAD, EL BIEN Y LA BELLEZA.............426

HOY ES EL TIEMPO...................................428

## EPITAFIO

ALGÚN DÍA.................................................433


ALGUNAS FOTOS.........................................437

# INTRODUCCIÓN

Si yo pudiera resumir en cuatro palabras la impresión que mi padre dejó en mí, cuatro solamente, estas serían: precursor, conciliador, veraz y tenaz.

Conciliador del hombre con Dios.

Conciliador del hombre consigo mismo.

Conciliador de los unos con los otros.

Conciliador del chileno con su identidad borrosa y alienada. Nunca negoció con la mentira. En ningún ámbito.

Conciliador del hombre de su siglo con la belleza engañada, que solo se la percibe de la mano con la verdad.

Siempre trató de extraer lo mejor de las personas y situaciones. Para lograrlo, continuamente se permitió una inmersión profunda en todo análisis. Y podía hacerlo, teniendo una sensibilidad fuera de lo común, que lo hacía percibir la verdadera realidad más allá de cualquier apariencia.

Fácilmente se confundió su agudeza de espíritu con un carácter criticón, exigente y una cruda sinceridad, que frecuentemente atemorizaba. Pero su objetivo no era aplastar o alienar, sino avanzar, partiendo de esa realidad invisible y ahora al descubierto.

Yo solo conocí de él al gran músico, al formidable pedagogo, y a su creatividad desbordante y cotidiana: Lo veo sentado al piano cada mañana, buscando armonías o estudiando partituras.

Lo veo levantándose de la mesa a la hora de almuerzo e ir a su escritorio, sentarse un par de minutos a tecletear furiosamente sobre su máquina de escribir, y regresar a la mesa, sin cortar la conversación que había quedado en suspenso.

Lo veo llevándome de la mano a la imprenta donde había mucho ruido y largas conversaciones con el impresor.

Lo veo llevándonos a mi hermana Marcela y a mí a sus ensayos, a conciertos sinfónicos en el Municipal, a conciertos de alguno de sus coros en alguna población, o en la cárcel.

Lo veo haciendo dibujos para algún próximo cambio en el interior de nuestro departamento, eterno taller de su creatividad.

Lo veo volviendo feliz del Mercado Persa, con un pedazo de fierro retorcido, que él ya había visto transformado en lámpara.

Lo veo inventando de la nada, con unos papeles viejos y mil veces utilizados, unos pesebres maravillosos, donde yo tenía el privilegio de poder pasarle los alfileres que sostendrían las «rocas» de su construcción.

Y también lo veo gritando hasta desgañitarse al borde de la piscina, cuando a mí me tocaba campeonato.

Lo veo yendo al Mercado Central conmigo a su lado, donde los olores me eran casi insoportables. Pero por estar con él, lo resistía. Se detenía en cada escaparate, hablaba con cada vendedor, y esto duraba horas. Luego regresábamos a casa con solo un gran ramo de crisantemos comprado a una de sus caseras.

Lo veo haciéndole arrumacos a mi mamá para hacerla sonreír.

Esa fue su pedagogía. Así nos enseñó. En total informalidad, convencido como estaba, que el ejemplo propio y veraz era el mejor pedagogo. En esto, precursor en la educación chilena, la cual todavía no quiere aprender.

Siempre pensé que la música había sido su pasión. Y aunque lo fue, de ella él sólo fue intérprete. La música fue el instrumento que Dios le entregó junto con su extrema sensibilidad y espíritu creador, con un objetivo más elevado aún. Nada de arte por el arte. Sino arte que eleva al hombre a reconocer en su espejo, que fue hecho a la imagen y semejanza de Dios. En el fondo, sirvió a Dios a través de la música.

Su pasión fue crear: creó sociedad; creó libertad; creó belleza. Y aguzó sensibilidad y percepción; creó medios para que el arte en Chile y Latinoamérica no fuera elitista, sino que estuviera al alcance de todos. Otra vez, nada de arte por el arte, sino medio para que el ser humano que tanto amó, puesto que hecho a la imagen de Dios, pudiera reconocer su identidad personal y de pueblo.

Su propia creación musical: sus poemas. Necesidad imperante del espíritu.

En la música, él desaparecía para dejarle con honores, el espacio al artista creador. En la poesía, fue él el creador. Una de las razones por la que nunca publicó sus poemas fue que siempre prefirió postergarse, para dejarle todo el espacio a su misión de conciliador. Pensó que a la gente no le serviría de nada conocer los meandros de su alma insondable. Fue su historia suya, de soledad profunda. Por ejemplo, escribió para mi madre poema tras poema; hermosas notas musicales, de profunda belleza, que nunca compartió con ella ni con nadie ... y que solo ahora, en esta antología descubrimos. Aquí nos encontramos con veintiún poemas dedicados a su esposa que tanto amó.

Extraña cosa.
Todos lo conocieron músico.
Sus poemas permanecieron en silencio.
Poco antes de su muerte, realizó un intento de orden de algunos de ellos, para una futura publicación. Tímido intento de treinta poemas. Los otros ciento veinte o más, siguieron dormidos en un cajón de su

escritorio.

¿Timidez? Es posible. ¿Por eso se escondía detrás de la interpretación musical, sin dejar ver su genio creador, que tanto se revela en estos poemas? Pienso que efectivamente la timidez fue su otra razón.

Cierto es, que dejar ver lo profundo del alma, no es fácil. Para nadie. Y para él tampoco lo fue. Nunca lo fue.

Pienso que ese jardín misterioso al cual solo unos cuantos poetas como él tuvieron acceso, gracias a las tertulias organizadas en su rincón de Miraflores, y donde cada uno de ellos expresaba en voz no muy alta lo que apretaba el corazón, en ese tiempo... Ese jardín misterioso, comenzó a ser labrado y plantado allá muy atrás en su particular historia:

Ya desde chiquito, para poder obtener un vasito de agua, salía por su barrio, se subía a un pisito que llevaba con él, y declamaba alguna poesía. Necesidad imperante que se volvió pasión. Más adelante y por una costumbre muy criolla dentro de toda familia que se respetara — por lo menos así era en aquella época — tenía que haber un cura en la progenie (y ellos eran nueve). Le tocó a él. Profundo creyente, soñador generoso de alegría y buen hijo, era el candidato perfecto para el Seminario. Ahí cursó sus Humanidades. Pero solo cedió a la presión de continuar en esa vía a los veintisiete años, pensando solucionar  de esta manera su crisis existencial, y decidió entrar nuevamente al Seminario, esta vez para ser cura.

Pero lo echaron.

Por preguntón y revolucionario.

Esto lo marcó de por vida. Desilusionó a los curas, y para qué decir a su madre y al resto de su familia. El pensó que era Dios quien estaba desilusionado con él y lo rechazaba.

Triste confusión.

Pasó gran parte de su vida tratando de contentar a Dios, a ver si lo perdonaba. Mostrándole cuánto lo honraba. Cuánto lo amaba. Por eso en sus preferencias musicales, el acento siempre fue puesto en la música sacra.

Pero un buen día se cansó de querer probar su inocencia y echó todo por la borda. En este largo y tortuoso período, vio que Dios no hacía caer un rayo del cielo para aniquilarlo. Lo seguía amando. Lo seguía esperando. Seguía aceptándolo tal cual era, sin logros de por medio, ni flautas ni tambores.

Cuando vio que ya se le iba la vida, quiso vivir y crear aún más. Pero no fue posible. Los días seguían teniendo solo veinticuatro horas.

En ese período de carrera contra el tiempo, cayó al hospital por primera vez en su vida, y en esa estadía en que la muerte lo alcanzó a rozar, supo con toda certeza que quien lo estaba frenando en esta carrera loca, era Dios. Él le estaba tendiendo la mano. Así reconoció con alegre sorpresa, ahí en lo profundo de su alma, que Dios había estado todo el tiempo a su lado, inspirándolo, tratando de mostrarle que el cielo no se gana; viene de llapa al abandonar su propia vida a Jesucristo. Por lo tanto fue lo que hizo en esa sala común del hospital de la Católica. Le entregó su vida, reconociendo que toda la gloria de su obra, quien la merecía, era el gran Creador. Por eso, a la salida del hospital, reposándose en nuestra casita provisoria de Las Cruces nos dijo a mi esposo Philippe y a mí: ‹esta semana, en que la lucha fue a muerte, ha sido la mejor semana de mi vida; encontré al Amigo, mi Amigo, e hice las paces con Él›.

Tenía setenta y nueve años.

Sus últimos tres años de vida fueron alegres, desbordantes, saturados de proyectos y llenos de entrega.

El conciliador reconciliado, ahora en paz, ya no luchaba por ser aceptado por un Dios mal comprendido, sino que desde ese momento su lucha sería para que su música fuera un infinito agradecimiento a su Creador.

En un principio pensé publicar solo los treinta poemas preseleccionados por él. Pero leyendo, leyendo tanto papel recuperado en su viejo escritorio, no le quise dejar el espacio al silencio, no pude, y decidí dar a conocer en esta antología, no solo esas treinta facetas, sino estas ciento cincuenta facetas del músico-poeta que fue mi padre, sabiendo que hubo muchísimas más, aunque solo éstas llegaron a mis manos.

Quien ha tenido que tomar la función de intérprete esta vez, he sido yo. El ya no está en este mundo para decirme cómo le hubiera gustado que lo leyeran. Y yo lo conocí tan poco... Me fui del país a los diecisiete años, sin regreso. A esa edad, el criterio de análisis de relaciones y de gentes, está lejos de ser el de un adulto... En realidad estoy conociéndolo solo ahora, a través de sus poemas.

Es cierto que podía haberle pedido ayuda a muchas personas que lo conocieron más que yo; que hicieron el recorrido de sus vidas, por lo menos en parte, cerca de él. Sé que esas personas habrían estado felices de ser consultadas. Mil perdones por ello. Pero estos poemas cayeron en mis manos, y no fue una casualidad.

A causa de aquella conversación que tuve con él un año antes de su muerte y que tuvo lugar la última vez que nos vimos, puesto que yo vivía fuera de Chile, y que ambos sabíamos

que no nos veríamos nunca más en esta tierra;
a causa de esa conversación en la cual me
confió su obra, por la simple razón de que
estábamos en el mismo pensar y en el mismo
sentir desde ese día en que se abandonó a
Jesucristo, su Salvador y el mío también; a
causa de todo esto, el confiaba en que mi
fidelidad para con su obra tendría el sello de
nuestra relación común con Dios y nuestro
mutuo deseo de darle toda la gloria, al Señor
inspirador nuestro y de toda belleza existente;
sí, a causa de aquella conversación, me atreví a
tomar al fin la decisión de esta publicación, con
mi sola percepción y mi Señor por guía. Largo
tiempo me ha tomado el ponerme en movimiento
y entrar en el castillo de su alma, que son
estos poemas: diecinueve años. Para entrar en
su intimidad necesité todos estos años de
preparación. Ahora he recorrido cada sala del
castillo; me acomodé un lugarcito junto a una
ventana de una de ellas y comencé a poner en
orden esta antología.

Quiera Dios que también estos poemas
cumplan con ese objetivo edificante que tuvo
toda su obra. Nada de arte por el arte, sino,
como comentó alguien por ahí sobre mi padre:
<< él echó sus redes al mar insondable de la
lengua y la sacó cargada de tesoros >>, para
que las palabras dejen de ser funcionales con el

solo fin de comunicar, y que se transformen en gatilladoras, para poder ir a lo más profundo, más libre; abriendo un acceso diferente, generoso y más personal de la realidad invisible del Verbo, quien nos ha dado este instrumento maravilloso que son las palabras.

El orden en esta antología no corresponde a la fecha de su escritura, aparte algunas coincidencias. Este orden es mi sola penetración de los temas o «tiendas» como él los llamaba.

Puesto que de mi parte, es tan solo un esbozo de interpretación, mejor escuchemos el canto de sus poemas. Ellos hablan por si solos.

Manola Demartin-Baeza
Maitencillo
20 de Enero de 2017

# DEDICATORIA

A la alegre doña Urraca
de mi padre: Marcela,
hermana mía. Fiel
admiradora de papá.
Gracias Marce, porque a través de tu
incondicional
amor hacia nuestro padre
y tu abnegada dedicación en tiempos difíciles,
tus gestos de cariño hacia él
y tu sonrisa,
sin siquiera darnos cuenta,
me enseñaste lo que es
amar por amar,
sin cálculo,
con alegría,
con ternura.
Como el rozar de una pluma
imperceptible
en un momento triste.
Te estaré siempre agradecida,
y por eso quiero
que esta antología de sus poemas,
aunque ella será para beneficio de muchos,
sea primeramente para ti.

M. D—B

# MUSA

Musa invisible,
sensible mujer.
Dejaste tu vida
para verlo a él
crecer.

Nunca nadie
consideró
que en la vida
del músico-poeta
ella fue
su inspirador amor.

Sí,
ella lo inspiró
ella lo sufrió
y siempre
fielmente
lo acompañó.

¿Bien lo hizo?
— musa invisible —
para muchos así lo fue.
¿Mal lo hizo?
Y qué.
Ella solo fue
musa imperfecta

que quiso amar
a ese hombre que,
solo,
nada
hubiera logrado hacer.

Dios a él lo inspiraba,
lo tenemos que reconocer.
Le dio dones extraordinarios;
todos lo hemos podido ver.
Pero su realización
y toda una vida de creación,
a su perseverante musa
se lo debe él,
y nosotros también.

Musa invisible
de sufrido amor
Chita,
su mujer.

M. D—B

Con **tres flores azules**
quiero disponer tres tiendas:
para ti y los tuyos;
para mí y los míos;
para todos.
En ellas, te invito
a vivir el gozo de vivir la vida,
antes que se allegue doña sorpresa
a visitarnos.


Con estas **tres tiendas azules**
quiero montar para ti
y para mí,
una ciudad en esta noche;
mientras la vida
escapa a tropezones,
por la grieta
de los impresagiables días
que se arriman.
Allí flotará la banderola
de los siete colores
que encierran el gozo
de vivir la vida.

## PRIMERA TIENDA

Quiero creer en lo increíble
de los sueños.
Creer en las manos
sin guantes, estrechadas.
Creer en la paz,
sin sospechas ni alambradas.
Creer en la opulencia de los pordioseros
y en la dicha de ser desventurado.
Quiero creer en la adolescencia
que brinca en los ancianos,
y en la cordura
con que abren los ojos los recién nacidos.
Quiero amanecer, creyendo que los novios
serán más abundantes
que las cárceles y los manicomios;
y que las manzanas
se suicidarán

colgadas de los almendros,
para evitar que queramos morder
el bien de los malos
y el mal de los buenos.
Quiero creer en tu palabra y en la mía.
Creer que la tierra
será otra vez huerto en verano
el día en que, sin excusas,
acordemos tú y yo
hacerla paraíso.
Creer que siempre Dios está conmigo,
mientras duermo, mientras hablo, mientras vivo,
y mientras mi fe en la fe
hoy día te transmito.
Quiero creer que, creyendo
en la buena fe de mi adversario,
tú y yo sentiremos
que se llena de sol
la copa que tenemos en las manos.

# REFLEXIÓN

## CREACIÓN

Hizo la luz
el primer día:
blanquísima, trasparente,
ojo en un muro negro,
saeta desalada,
risa clandestina,
huella de su amor,
reina de la noche;
pero, la vio solitaria
y sin familia.

Aguardó en esa blancura
hasta el segundo día
y, entonces, colocó
las aguas a estribor
y la tierra redonda
a su derecha.
Eran dos abanicos,
dos arcángeles,
azul el uno
y dorado el compañero;
pero los vio
desnudos y desiertos.

Llegado que hubo
el tercer día,
miró en su lienzo
curvado en el espacio;
con paleta y pincel
cogió ráfagas de color
y fue denunciando

la esmeralda
de las yerbas y los bosques,
los gustosos frutos,
las algas submarinas,
la raíz y la corola
hasta cansar su brazo.

Contempló esa moneda
y la vio hermosa;
pero, sola,
como una rueda
de carrusel abandonado
en la llanura sin fin
del universo.
Corrió con prisa
en aquel cuarto día
hacia los confines de la nada
y regresó con un agitado cortejo
de soles y lunas,
estrellas y cometas
para unirlos
a la danza de su esfera.

Al quinto día
se levantó temprano,
bajó a su taller
y se enredó en la tarea
de modelar
peces extraños, animales,
insectos, caracoles y pájaros,
deletreándolos
en millones de maneras
hasta intranquilizar
las llanuras y los mares

y empaquetar de seres vivos
todos los escondrijos
de la tierra.

Cuando vio terminada
su faena,
subió el Eterno
a la copa de un roble,
miró su creación
y amó compartir
con otro inventor
la experiencia irrepetible
de ver y gozar la verdad de lo bueno
y la belleza.
Su Espíritu sopló
sobre la cara de un muñeco desgarbado
que sobraba en el lodo de su fábrica.
Con deleite hizo al Hombre,
montaña semejante a Él,
heredero afortunado
de sus alturas y distancias.
Era el sexto día
de su trabajo sin holganza.

¿Qué cosa más podía inventar
su inteligencia
luego de fecundar
al hombre libre,
en todo semejante a su misterio,
dueño, como Él mismo,
de todas sus semillas?
Se sentó el Padre Dios
sobre la playa
a descansar,

cuando su vientre abría
el día séptimo fragante.
Esparció sobre la tierra
su mirada,
y admiró
su incomparable poesía.

2 de enero de 1989

# TOMA LA VIDA

Toma la vida
que te dio la vida
con toda la alegría
vital
de tu existencia.
Toma la vida,
toda la vida,
la vida entera
que en tu vida espera.

No dejes pasar
un solo día
sin bañarte en el gozo,
la soleada maravilla,
el asombro
de los puntos cardinales,
la envidia de los planetas,
al verte vivo
en viaje de bodas
con la vida.

Da gracias a Dios
porque posees
el privilegio de vivir
entre millones de gentes
que pudieron ser
y que no han sido.

Ponte de pie y alerta
cuando tu vida llame;
agranda, ávidos de lluvia
los dos jardines de tus ojos

y cuida
de mantener encendido
el aceite de tu lámpara.
Responde con artazgo
cada vez que sientas esa vida,
rondando los cuatro muros
de tu casa.

No te descuides.
Lucha con amor.
Pon oído a la señal
menuda o clara,
no sea que al pasar
de nuevo
la vida por tu lado,
vea con desaliento, clausurada,
con cerrojo de muerte
tu ventana.

29 de septiembre de 1978

## MÚSICO VIAJERO

Hoy cerré un libro
que leía a medias,
y mañana
abriré otro
que hace diez años
reconstruyo y leo.
Ambas novelas alegran
la noche de mi vida
con sus vidas nuevas
dentro de mi océano.

Podía abandonarlos
por un rato
cuando me cansaban
sus episodios, su ortografía,
la simpleza de sus silogismos
o las aventuras de sus argumentos.
Entonces, los dejaba
con su canto a la sombra,
sin que nadie,
por mí, pudiera leerlos.

¡Qué flexible universo
he logrado anotar
con estos ejemplares
de libros entreabiertos,
y qué páginas de música
más ricas
de nueva poesía
son las que dejo de leer
y que a leer comienzo!

Mis libros cantaban
desde marzo a enero
y ocupaban sin pudor los anaqueles
en que otros libros antes estuvieron.
Los días y las horas
eran breves paraísos
que, en mi comarca, florecían
cuando, alzando la mano solamente
los pájaros sonoros
anegaban el aire de contento.

Hoy cerré uno de esos libros
laboratorio de cien experimentos,
con un dolor tan hondo
que vestí convencional espada,
estrujándome el habla
para no revelar a nadie
mi tormento.
Yo sé que nunca
dejaré de amarlos,
porque su pié dejó su telegrama
escrito en mi camino,
para ayudarme
a revivir de nuevo.

8 de marzo de 1992

## ESTRIBILLO

En mi calle hay veinte casas.
En una de cada cuatro
hay chaquetas
con los bolsillos repletos
de invenciones
y almácigos de disparates.
«Vamos escribiendo»,
dicen los viejos rimando
y los poetas novatos
injuriando a la ortografía.
Los vi y me pregunté:
«Y yo por qué también
no escribo poesía?»

Ayer, tarde de domingo
una chica de diez años
me ofreció su cardumen
de caramelos,
y me vendió
envuelto en celofán
el inédito poema
de su esperanza.
No intentó sobornarme
con su gracia fugitiva.
La escuché y me dije:
«Y yo por qué también
no escribo poesía?»

Me instalé
a cantar poemas,
con mis veinte exploradores,
en una población de las afueras.
Revestimos el aire

con calzas
de encanto y canto,
y las gentes respondieron
con una estrofa mojada
en los ojos y en las manos.
Miré a los cantores
y a la feligresía
y medité temblando:
«Y yo por que también
no escribo poesía?»

Algún día
subo al Metro Baquedano,
exprimido limón
entre empujones y codazos.
Veo decenas de bocas
y párpados caídos
y hombros desganchados.
Pero, siempre descubro
unos labios y unos ojos
que beben la lluvia
de los letreros
en los techos azules,
y remiendan con sus sílabas
poemas al amor de los amados.
Al coger el tizón de su inventiva
de nuevo me pregunto:
«Y yo por qué también
no escribo poesía?»

En este día
de Año Nuevo recibí
tantos abrazos
y paralíticos deseos
que tragué con fatiga,

con el mismo desencanto,
a veces,
con que leo el diario.
Pero, como soy hombre de fortuna,
también estreché brazos
y acaricié suspiros
que dejaron mi ropa
oliendo a ropa limpia.
«Oh Año Nuevo», le dije a mi reloj,
«¿Y yo por qué también
no escribo poesía?»

Esta mañana
toqué tu corazón
y sentí
que cantaba tu campanario
su repique de ternuras.
Sin más,
amarré a los tuyos mis pasos,
mi memoria
hizo pacto con la tuya,
mi sangre se anegó
en tus secretos tan amados,
mis sueños
respiraron con tu aliento.
Por eso, amor,
escuchas
que estoy cantando
todo el día mi estribillo:
«¿Y yo por qué también
no escribo poesía?»

2 de enero de 1973

# REFLEXIÓN

No me indigesta
su gesto
de parto prematuro
ni su aire
de quien llega galopando
en una estrella;
ni su alforja
redonda de monedas,
con sus aristocráticas
pelucas y maneras.

Me da lástima,
sí,
pensar
que el pobre rico,
bajará con el pobre,
ignorante tenaz
de la riqueza,
a tenderse en el mismo
diván analfabeto
de la misma
pobre rica tierra.

26 de abril de 1981

## LAS PALABRAS

Tienen alma
las palabras
y avidez por defender
su propia vida,
aunque los hombres
torzamos,
según mejor provecho,
el destino que,
al nacer,
les propusimos.

Hay algunas
que el niño lleva a cuestas
desde el alba,
hasta el mediodía
de su apodo
y hasta el último suspiro
de su noche:
«Yo, tu, él ... sueño;
hijos, abuelos,
sangre,
trabajo, miedo
madre;
deseo y ansiedad;
sonrisa y llanto;
vida, latido, amor;
ayer, mañana,
quien lo sabe;
enfermo, muerte.
Adiós.»
Dos hay, entre ellas,
testarudo metrónomo
implacable:
« yo... mí ...yo ...mi ...yo ...»

Hay palabras buenas
y lavadas como el pan
en mantel de pobreza:
«Te quiero,
ámame,
esperanza, rectitud;
generoso, solidario;
verdad, felicidades;
Dios, confianza, sencillez,
justicia, amigo;
liberación, serenidad;
hombre, mujer;
respeto y paz.
Niño».

Hay palabras malas
que satanás
atornilla traicionero
en la quijada del abecedario
y que graznan,
a veces, enyugadas:
«Poder y corrupción;
odio y crueldad;
soberbia y desprecio;
burla y mentira;
tortura y exilio;
egoísmo y expolio;
abuso y conformidad;
injusticia y violencia;
explotación y avaricia;
ingratitud y soledad».

Palabras hay
que son ambiguas
y que arriendan sus trucos
para enjuagues
de mal lavadas camisas:

«Patriota, libertad, linaje;
dinero, jerarquía, encuesta;
prójimo, pueblo,
orden, filantropía;
seguridad, democracia
disciplina;
progreso, diálogo, jurado;
prensa, novedad y creación;
antecedentes, éxito y libertad;
inteligencia, honorable;
ateísmo, cristianismo y teletón;
tu verdad y mi verdad».

Hay toda una silbatina
de arenales de palabras
que zumban y no viven:
murieron de recaída.
Quita y agrega
en cada cajón de tu almacén
según tu gusto,
tu pensar y tu cansancio.
«Por ahí podrás
medir tu porte»,
dice el sabio.
Te dejo, por mi parte,
estas nueve de recuerdo,
si te sirven:
«Pon tu mano
en mi mano
y juntos
caminemos».

20 de diciembre de 1983

# VIAJE

Estoy escribiendo
en el autobús
cuanta explosión
despunta en mi cabeza,
mientras
a golpe de jazmín asoleado
la ventanilla
se despereza entre las alas
de las cortinas negras.
Estoy escribiendo emparedado
en una nuez solidaria,
atado a sus vaivenes
y a su biblioteca.

Escribo
de ti,
de mí,
de la nube
y las abejas;
del temor,
de las tribus,
los amantes,
los obtusos
y los ecos;
de la insensatez
de mi portal,
y del indicio feliz
de la inocencia.

Enredado
en los neumáticos

del autobús
cubierto aún de los sudores
de la noche,
mi escritura
y mi combate
ruedan.
Estoy feliz
con este castigo
de escuálido poeta,
queriendo amanecer
colgado de las letras.

Espero que mis sueños
de traductor
de los arranques del planeta
sirvan de algo,
aunque sea para los que se quedan
sin mirarlos.
No me resiente su distancia.
Ellos viven,
como todos en el mundo,
sobre ruedas de autobuses,
apurados.

8 de febrero de 1992

## COLOQUIOS

No te aferres demasiado
al barandal de los vinos,
ni al tranvía
de los nomeolvides.
No, a las ternuras de la lluvia,
al caracol agresivo
de las escaleras,
ni a los marinos
que cabalgan en la niebla.

No te aferres
a los vuelos de la realeza,
de las jirafas
y los saltamontes,
ni al monedero
de las urracas muertas.

No te aferres
a los atlas enredados,
ni a las mandíbulas
de las ciudades
con sus banderolas
plateadas en las puertas,
ni te aferres
a los candelabros rotos
que, buscando enamorar,
apenas lagrimean.

Aférrate a los sueños,
al bienaventurado amor,
a lo inasible;
al tren que pasa
ofreciendo a quien lo quiera
jirones de cielos simples.

Aférrate al puño del dolor:
es buena escuela;
al fuego, al aire,
al agua y a la tierra,
los cuatro muros
que te cercan.

Aférrate a mi brazo
y a todos los ramajes
con que se forja la cadena
de quienes vencerán
los odios de la selva.
A las aguas que cantan
y a la luna que riega,
al silencio de Dios
en el paisaje
y a la verdad del pan
sobre tu mesa.

Aférrate a la vida.
No la dejes pasar
como a la novia
a quien un día
perseguías
y que ya no esperas.
Vive el instante, el minuto,
la hora, la semana, el año.
Si esta vida
es tan menuda y sigilosa,
bien vale la pena
abrazarte a sus espaldas
y caminarla a pie desnudo
mientras puedas.

2 de octubre de 1970

# A PROPÓSITO DE DISCUSIONES

¿Para que armar
discusiones desdentadas,
y alentar la chispa
que programa el fuego
y reflotar goletas
que nunca
llegarán a puerto,
sin timón, sin velas, sin mañanas,
sin siquiera marineros?

¿Con qué fin
amontonar torres de palabras
sin cimientos,
inventar monólogos
y castrarse las orejas
a escondidas,
gozando con la avaricia
del cercado propio,
sin escuchar las opiniones
del huésped
esperando tras la puerta?

No tiene raíz,
ni fruto la higuera
que busca ensanchar su talle
con el destello
del níspero vecino.
Tampoco vale la pena
sumergirse en discusiones
para lucir la destreza
del estoque o el cuchillo.

Tanto mejor que las manos
se sienten
a orilla de los braseros
y relean las cuartillas
detalladas
de los albañiles viejos.

Es preciso prohibir
que las marcas
arrojen todas las noches,
sobre el sueño de las playas
los mismos idiomas muertos.
La vida es calle muy corta
para anclarse discutiendo,
por sólo ganar la gloria
de aparecer en vitrina
en calzoncillos de lienzo.

Es mejor que nos calcemos
alpargatas de silencio,
y las palabras se pierdan
como castaña en el suelo,
esperando las señales
que las despierten del sueño.
Y entonces, toda la tierra
será una rosa de plata
desposada con el viento,
hasta que llegue su tiempo.

19 de agosto de 1984

# BALADA SENCILLA

Érase una noche,
con toda la aventura
del verano a cuestas.
Una noche
con calles abundantes
de gentes, de ruidos,
de novios atados
de la mano caminantes.
Esa noche,
al vagar, engullendo
la mercancía tentadora,
con la moneda irreflexiva
tamborileando en las vitrinas
para ilusos y glotones,
Miguel también miraba.

Entonces,
vio su rostro,
el perfil de Margarita,
apresurado de pájaros
en sus migratorios
dieciocho años.
Ella miraba a la distancia,
como buscando
el trasluz de la espera
sin llegada.

Repasó Miguel la calle,
como quien vaga sin destino,
pero buscando el suyo
en la mirada jazmín
de Margarita.

Vio su tallo verde
una y una y otra vez,
y hundió su mar en crecimiento
hasta el fondo mismo
de la máscara
que velaba el rostro
de la moza.
Se hizo entonces
un espía del momento
en que vendría,
con la velocidad del gozo
la chispa del encuentro.

Caminó la muchacha.
Se allegaron ambos
a la misma verja,
y buscaron refugio
en la transparencia
de la vitrina ciega.
Por fin,
como quien habla sin hablar,
se hablaron,
mirando unos zapatos
enventanados de color almendra.

Miguel
vio sus ojos tranquilos,
descalzando su infancia;
su cara rosada
jugando a ser aurora;
y vio su pelo
plumaje ensortijado,
y su boca en arco
sin aliento.
Margarita
vio al muchacho

y lo mudó
en un príncipe de cuentos,
como un álamo silvestre
con trazas de abogado
o marinero.

Se sentaron a la mesa
del café vecino
para hablar,
bebiendo, masticando,
adivinando lo que querían
decir o que callaban.
Registraron
el bolsillo del presente,
exploraron en el turbio
cereal de lo pasado
y deshojaron
el deslumbrante aleteo
de los sueños con que inician
su caminar azul
todos los barcos.

Después,
salieron al aire
y anduvieron, anduvieron.
Aquella fue una noche
de terciopelos
y sorpresas esperadas...
Una paloma se posó
a mirar en su ventana.
Traía
todo el sol
de esa mañana.

30 de agosto de 1986

## ES FRECUENTE

Tu mano
está cerrada.
¿Quién lo dijera?
Si ayer
estaba abierta.

No te sorprendas,
Juan.
Ayer pedías;
hoy te ruegan.

Ya entraste al clan
de los caballeros
de corbata
que venden oropeles
en el templo.

Ya vendrán los azotes
del que quiso,
siendo rico,
hacerse pobre.

¿No te acuerdas?

16 de agosto de 1991

# ANTIFONARIO

MIRUS  Dichosos
los dichosos como yo.
Mira, como andamos repartiendo
la dicha
a nuestro espejo.

CURATURA  Majadero.
Tú no descansas,
sino cuando has hecho
bastante daño
a los demás.

MISERATIO  ¡Qué vergüenza
saber
que todos
somos torturadores!
Por ahí
se arrastra todavía
alguien
a quien destrozamos.
¿Lindo, no?

ULTOR  De qué manera asombrosa
dispongo mi mesa de cumpleaños,
para que mis amigos
no reconozcan
el veneno.

TRANSFIGO  Quiero que me regales
una silla
para observar
cómo la muerte

pasa junto a mi sombra
sin
tomarse la molestia
de mirarme.

INGEMISCO  ¡Ay!
El adiós que te di
cuánto me duele.
Fue el adiós que te dije
para nunca
recordarte
siempre.

OSCULATIO  Eres como el beso
con que la gente
cumple ahora con el rito
del encuentro, sin odio,
ni cariño.

EXSOMNIS  El hombre aquel
sentado en el umbral
de su propio paraíso,
se está muriendo
masturbado
de egoísmo.

PECTORE  Si no puedes amar
nada te queda.
¿Qué puertas abrirás
si no sabes abrir
tu corazón siquiera?

SIGNUM  Amor
es siempre una partida
que nunca

está pensando
en el regreso.

NUMISMA     Todo se muda.
No hay remedio.
Es la moneda
con que pagan
sus impuestos
las auroras insolentes
a las tardes.

LIGNUM      Mientras crece
en sus carnes olorosas
el verbo
sin hablar
de la madera.

SUPERBUS    Has colocado
tu sillón tan alto
que no soportas
la sombra
de tu propia sombra.
Eres de tus propios   pasos
la mascota.

18 de junio de 1988

## HORTELANO

Trazó un círculo de tiza
araucano.
Pausadamente,
socavó un ombligo abierto
en su barriga.
Helaba.
Para evitar que la gripe
hundiera perdigones
en sus bocas deslenguadas,
allí abrigó máscaras
de dolka, mokamor, elak,
malloa, oso, nestlé, quik
y hasta cocosa.
Llegó la primavera
a Sebastián.
Mientras crecía
el lloliboar,
le nació un follaje plateado
de hojas latas.
Calor vertiente.
Maduró el galnoyñotacas
con decenas
de cajas de sardinas
verdemar, leymo, bumble lee,
California y van camps.
Era normal.
Sebastián es un niño
que sueña balbuceando poesía.

(sin fecha)

# HAMBRE

Yo nunca he sentido
el hambre que muerde
las entrañas
en los largos días
miserables
de la población callampa.
Nunca supe la angustia
de ese hurgar desesperado
en los tarros de basura
de las plazas.

Mi barriga
no discute jamás con mi boca,
ni hacen guiños mis ojos
a la red de las vitrinas.
A mi olfato
no le importa recibir o virar
los mensajes
que me envían las cocinas.

No he logrado
escuchar nunca
los redobles
del hambre
debajo de mi camisa.

No compartí las hambres
de quienes pasan sus días
incontables
sin sentir la dulce codorniz
del pan blanco entre sus dientes.

Nunca mi lengua
gozó
la insuperable caricia
de capturar la riqueza
de una sopa
con sabor a piel caliente.
La tengo cuando me place
y por eso esa noticia
mi calendario no entiende.

Cosa inhumana
es el pobre
con sus hambres cada día
que tienen que contentarse
con solo
tragar saliva.

No soy digno de llamarme
hombre,
persona,
vecino,
si las tenazas del hambre
con su muerte en carne viva,
hincadas a mis angustias
nunca jamás
he sentido.

Es terrible experimento
que es necesario
sufrir
para no dormir tranquilo.

16 de marzo de 1981

# IMPROPERIOS

## I. AL SOBERBIO

Sin que nadie te invitara
te instalaste sobre la ojiva
de un bobo dromedario,
aplaudiendo
tus propios homenajes
sin sonrojo.
Aderezaste tu oído y tu lengua
con abanicos y mayordomos
de una alcurnia imaginaria.

Con el metro del sol
el mapamundi y los cometas
construiste el tacón
de tus zapatos.
Olvidas que sólo ayer
apareció tu camiseta y tu paraguas
en la vitrina vacía de tu barrio.

Nadie pisa más alto
en la escala de Jacob,
ni en la ley del protocolo.
Confiscaste
la dignidad de los sencillos
con tu ignorancia de ternuras.
Nadie roza tu linaje,
el peldaño de tu trono,
la sombra de tu mirada,
ni tu manto sin arrugas.

Caminas
como si fueras
el sólo administrador
de los más atascados abolengos.
Encaramas tu nariz
hasta el más subido rascacielo
para oler el agua bendita
en el exclusivo retrete
de embajadores,
almirantes y letrados,
obispos futbolistas
y banqueros.
Así promueves tu deidad,
hijastra de tus ritos y cortejos.

(sin fecha)

## 2. AL AVARO

Por ahí
va tu osamenta de alambre,
computando, a cada paso,
los tesoros
esposados bajo tu pellejo.
Estás hecho un candil
que no da sombra
de tanto inyectar ansiedades
en la sangre mineral
de tus dineros.

Tus piernas
apenas rozan las aceras
para que nadie ose disputar
ni un centavo de tus pantuflas.
Tus propias manos
titilan como espejos
mirándose las palmas
desconfiadas,
por el solo temor
que en el encuentro
sientan la tentación
del hurto o el atraco.
Eres de tu propia vida
bandolero.

Tu lengua
desgarrada por la lujuria
del poquito y el apenas,
te obliga a lamer
la hiel de tus costillas.
En ese caracol,
tus huesos camuflan
la llave testaruda

que abrirá tu monedero
sólo al que pague
las angustias
de tu mil por ciento.

Se hicieron veletas tus pupilas,
vigilando la amenaza
de quienes, al mirarte,
apaciblemente
sólo se sonríen.
Nunca supiste el gozo
de compartir la levadura,
el traje o el asombro;
nunca el agua, ni el sol,
ni la belleza,
nunca una ventana simple.

Prestamista del hambre,
acorralaste
hasta el suicidio a quienes,
con candor de novias,
creyeron
en tus billetes e hipotecas.
Trataste con usura
a los inválidos de infancia,
a las hambres sin cocina
y a las manos
sin sortijas ya
de las recién casadas.

Todo lo quemaste
para ti solo,
en la tormenta de tu corazón
hecho de arrugas negras.
No duermes por las noches.
Temes.

Temes a los ladrones
y a los incendios;
no sea que conviertan
en ceniza
y en violín sin cuerdas
los ataúdes en que guardas
el esqueleto
de tus monedas muertas.

Nunca gozaste
con los castillos en el aire,
ni con la oda del beso.
Hasta cuando dormías
palpabas debajo de tu almohada
la amargura
de gastar el tiempo.
Siempre cuidaste en tu jaula
pájaros metálicos.
¡Pobre de ti!
Mientras complotabas
para hacer de tus clientes
faluchos sin timón ni geografía,
no supiste vivir
la riqueza de la vida.

Ahí estás,
centinela del préstamo,
con la amargura
de ver a tus parientes
urgiendo a la muerte submarina
que venga pronto
a llevarse
lo único que es tuyo,
tu avaricia.

9 de julio de 1985

## 3.  AL GLOTÓN

Desafiaste
la dieta de las viudas.
No dejaste caer
una sola migaja de tu mesa
para los buscadores
de esquinas
en los tarros de basura.
No aliviaste siquiera
sus hambres
con los olores
de tu ventana abierta.

Cerdos, terneros y capones,
pavos, trufas y mistelas
desafiaron
la cavidad de tu quijada
y desfilaron
en panegírico cortejo
hacia los hangares
de tu vientre.
En esas cavernas
conspira la impaciencia
de tus ansias
con el revoltijo
de tu conservatorio
de serpientes.

Todas las ensaladas
de frutillas, albaricoques,
sardinas, manzanas,
y quesos finos
alunizaron con sus cohetes
bajo la techumbre

de tu ombligo.
Siguiendo al auriga
de tu frugalidad ya conocida,
las cocinas de todo el orbe,
con todos sus libros de recetas
bajo el brazo,
alojaron sus consejos
en las cacerolas y los sartenes
hasta colmar tu biblioteca.

¡Oh las novelas de leche
y galantes aliños
con que untas tus fatigas
son castigo!
¡Oh las alquimias
de los camarones!
¡Oh los pejerreyes
vendimiados en los ríos!
¡Oh las confituras
de las monjas enclaustradas
y los buñuelos,
poemas colmados de caricias!
¡Cómo caen
al tonel sin fondo
donde nace el hartazgo
sin hartarse
de tus mordiscos!
¡Quién pudiera
asomarse
a ese suntuoso paraíso!

¡Cómo aflora
la saliva ansiosa
y el brillo
contundente de los ojos

cuando aparecen
en lontananza
los deleites jugosos
de los vinos!
¡Qué desfile!
Siéntate,
filántropo del hambre,
engullidor de las mesas,
transparente molécula
en ayunas.
Aquí estoy, regresando
de uno de mis viajes.
No rechaces mi don
por su escuálida estatura.
Te traigo
una pirámide en tajadas,
para que guardes el sarcófago
donde descansará
tu gula.

(sin fecha)

## 4. AL ENVIDIOSO

Puñal de vidrio.
Tú no aceptas
el desafío de los vuelos,
el silbido del relámpago,
el monopolio de los océanos,
ni el imán de las vallas
que saltan los potrillos.
Tienes celos.

Amas la medianía,
para poner atajo a las estatuas
de los escaladores elegidos.
Te envenenas con el tormento
del bien, bien adquirido,
y te nutres con la píldora
del mal de los malignos.
Tienes celos.

Ofuscado y resentido,
llevas un microscopio
emboscado en tus pulmones
para acechar el dique
en que amarran sus piraguas
otros indomables marineros,
con el propósito galante
de cortar los cables
y perforar la sencillez
de sus descubrimientos.
Tienes celos.

¡Cómo escarchan tus salivas
cuando adviertes
el crecimiento de la primavera!

Tienes rencor de los jardines
con sus laureles,
retamos, jacintos y violetas.
Prefieres ver la tierra
marchita de cementerios,
antes que ver el sol
cantando en una piedra.
Tienes celos.

Eres un mal atleta.
Adelgazas y maldices
cuando otros contendores
se acercan a la meta.
Te desangras de hiel
al sospechar siquiera el centelleo
de quienes van delante
perforando el aplauso
con una pluma blanca en el sombrero.
Mirando las estrellas, al verlas titilar,
enfermas.
Tienes celos.

Tus ojos se avinagran
con la miel sencilla
de los zagales y doncellas
amándose en los parques.
Te aturde adivinar
la camisa feliz de tus vecinos
y la inteligencia caminante
de tus compañeros, jubilosos
con su frasco de luciérnagas.
Gruñe tu maquinaria
cada vez que divisas
el mapa de vidrio
que multiplican las orugas

con su andar sereno
en las aureolas de la luna.
Tienes celos.

Sientes tu vida traicionada
por lo que otros
alcanzaron a tocar
y que no palpas.
Tu piano está cerrado
y ya no escucha el tecleo del alba
en los zapatos de los niños.
No quieres que te importe
el ansia de vivir
de los inviernos,
la alegría de dar a luz
de las mujeres primerizas
y la hoz de plata fresca
que se abre en la sonrisa.
Tienes celos.

Mueres de soslayo,
planeando cómo arruinar
las bibliotecas, los pendones
y hasta las elementales buhardillas.
Siempre comparas:
nunca te adivinas.
Siempre las ratas
circulan en tus hígados:
nunca te atreves a examinar
tu propio domicilio.
Siempre apuñalas:
nunca sacudes tus polillas,
ni logras ver
que año tras año
su tropel se multiplica.

Envenenas tu lengua
cada noche
con el murmullo.
¡Dios nos libre!
de tu envidia.

11 de julio de 1985

## 5. AL LASCIVO

¿De dónde
te llegó la llamarada?
¿De dónde
la caricia animal,
el hambre, la brasa,
la inmovilidad de la pestaña?
¿De dónde
el arrumaco rastrillado,
el refugio tempestuoso
de la entraña?
¿De dónde
el envaramiento
y la humedad
descontrolados?

Buscaste la presa
virgen o gastada.
Se llenaron
de sangre caliente
tus arterias.
No ves, no amas,
no distingues en qué carne
clavarás
tu aguijón descontrolado.
Te da lo mismo
el oro o el alambre
del anillo.
Eres una avispa
con la locura prendida
en la zozobra de los brazos.
Eres un anzuelo
hurgando en la sal del mar
tras la sirena de los barcos.

Espías en las calles,
sedienta la mirada,
cernícalo, rastreador
de la presa que hueles
a distancia.
No hay pacto de frontera
a tus ataques.
La hendidura de la roca,
el taxi, el ascensor,
la sombra de los parques,
la espesura del cine
o el autobús andante,
el metro, la puerta del liceo,
son la plaza de toros
para todos tus combates.

Saboreas
la piel de las vitrinas
con sus corpiños transparentes,
el tobogán intacto de las medias,
el zapato menudo,
el maniquí susurrante.
Apegas tu nariz
a los cristales,
para agüaitar
si resta algún resquicio
por donde tu mano
concentre la caricia,
delirante hormiga
de tu sexo destrabado.

Todo es combate en ti.
Tu esqueleto:
tu cintura,
tus piernas,
tus entrañas;
tu espina dorsal

con su alabarda en llamas;
tu cuello incitado,
tu labio enloquecido.
Hay volcanes desencajados
en las armazones de tus dedos.
¡Cómo maniobran
buscando el musgo,
la piel, la boca,
los misterios,
la batalla sin tregua,
cuerpo a cuerpo.

En el altillo
solitario
fabricas ilusiones,
sin que tu fiebre pueda
hacerlas salir de su guarida.
Sobre un valle de peces
soportas la isla de tus noches,
con mariposas tostadas
en los ojos
y los muslos inconformes
bajo el vientre.
Enloqueces,
apremiando al enemigo,
para rendir su pavimento
con tus delirantes
relámpagos de furia.
No descansas
hasta yacer extenuado,
boqueando y sin aliento,
en el torrente
sin orilla y sin razón
de tu lujuria.

8 de julio de 1985

## 6. AL VIOLENTO

Con tormentas
emborrachas tus pulmones
y con alicates de guerra
descalabras
a cuanto pasajero
se te enfrenta.
Para ti no existe la inocencia,
aunque el ala de una tórtola
sea quien roce
apenas tus fronteras.

Explota tu granada
sin mirar
a quien salpican
sus esquirlas,
y hieres, sin hartarte,
con injurias, reproches,
truenos y arrebatos,
como los muertos,
sorprendido y pálido.

Una jauría de hambrientos saxofones
aúlla en tu garganta.
Con ella,
rompes la moldura de tus pasos,
agrietas la zoología total
de tu edificio
y repletas con bloques de cemento
tus botines.
Vomitas truenos
y las paredes se desvelan
con tus gritos.
Ya no piensas, no sientes,

ceñudo y resentido.
Eres una polilla borracha
trastabillando
con la lengua agusanada
y el ultraje vivo.

Las más santas letanías
te sirven de estropajo
para expulsar los guarismos
de tu puño en alto.
Turbulento y pendenciero,
incapaz de manejar la brida
de tu hipódromo,
encajas la culebra
de tus diez mil espolonazos
en los ijares
de tu potrillo encabritado.

Siempre has creído
que, para curar
los males de las gentes,
lo más acertado
es un tratamiento
de cianuro.
Como no te es posible
aplicar de inmediato
la contundente cataplasma,
ruges hasta la demencia,
y pisoteas
la arena y la flor
con tus pezuñas sin mordaza.

¡Ya no piensas!
¡Ya no amas!
No toleras

que el trigo madure
con la paciencia del verano.
No soportas
el andariego pulso
de las aguas lentas,
ni los pasos menudos
del gorrión enturbiando
el agobio de tu siesta.

Has hecho un marco testarudo,
para tu vida entera
con la camisa enfurecida
que creó tu propio manicomio.
Sin pensar, ni pesar
insultas
a tu propia sombra.
Atormentado vives.
Paso a paso mueres,
entre los muros sin alas,
donde alimentas
el rebenque idiotizado
de tu rabia.

14 de julio de 1985

## 7. AL PEREZOSO

Te sobran las manos,
te sobran los pies,
te sobra la cabeza,
te estorba el corazón.
Sólo gozas
con tus dos mullidas posaderas
defendiéndose coquetas y tibias
de la agresión de los divanes.
Ya no puedes sentarte
sin arrugar la silla.

Te acompaña
ese abúlico teclear
bajo el párpado inhábil.
Ni siquiera te interesa
indagar en los cuatro costados del día.
Nada escarbas
en la línea esparcida
entre la aurora y la tarde,
porque hasta el pensar,
te pesa.
Hiciste pacto  con el cansancio
de hacer nada,
académico del ocio
y la indolencia.

Tu trabajo ha sido
aprovechar las hipotecas
de los sauces lánguidos
y sumergirte en la faena
de lo que otros hacen.
Descubriste la manera
más sobria
de resignarte a borrar

toda arruga en tu cerebro,
para gozar
del vaivén meloso
de dormir hasta el hartazgo,
en amena conversación
con el bostezo.

No te afanas por cavilar
o traducir.
Tu sola tarea descollante
consiste en dialogar
con esa gente
que, desde el televisor,
te guiña la pestaña
para revenderte
toda su pegajosa poltronería
empaquetada.

Jamás
tu varada inteligencia
podría zambullirse
en el cardumen
de la raíz cuadrada
o de un menudo verso.
Te dormirías
sólo de pensar en el intento.
En un instante de traición
a tus principios,
sólo podrían navegar,
engatuzando a tu pereza,
embalado en el regazo
de una oxidada siesta.

Por todos los rincones
aparecen banderas
que destruyen

tu traje sosegado:
imaginar
el afán de una locomotora
persiguiendo al trébol;
vislumbrar
la cuchillada de un relámpago;
intuir
la vigilancia muscular de una gacela;
o mirar
como crece la guerra
del sol con la neblina.

Tu idioma más correcto
es el bostezo.
Tu camino más corto
es el no hacerlo.
Eres un calendario
que se deshoja cada día
sin huellas, sin números,
sin recibimientos.
Eres inmutable laguna
de vapor estacionado,
sin importarte
lo que traiga el tiempo.

Por las tardes,
cansado de tanto trabajar,
sientes
que hasta la brisa te amonesta.
Dormita, pues, panza arriba,
inmóvil horizonte,
aventurero de las horas muertas,
con la intrépida velocidad
de tu pereza.

14 de julio de 1985

# TRÍPTICO DE CAMBIOS

## 1. De COLUMPIOS Y VAIVENES

¡Cómo van y vienen
horizontes y sofismas!
¡Cómo cambian las mareas
con la sangre de los vientos
y las lunas intranquilas!
¡Cómo desflora
la codicia o la torpeza
el velo de las novias!
¡Cómo cruje
el andamio de los bosques,
siempre planetas compactos
sin memoria!
¡Cómo la provocación del sol
nos prohíbe tocar el espejismo
de nuestra propia sombra!

Se escurren las agujas
de mis días y tus horas,
y escarpan la tierra
desde el arrullo inexperto
hasta el combate final
sin eco, ni retorno.
Se cruzan los caminos,
propietarios de tus huellas
y sin nombres, y te llevan a parar
quién sabe dónde.

En el vaivén de los columpios,
jugamos a olvidar
la hormiga o el halcón

en dos segundos.
Durante ese vuelo
embalado
en la vitrina de nuestro viaje,
todo diseño cambia,
todo en la ola verde
se deshace.
Nada es seguro:
vuelan los cangrejos
y nadan los faisanes.
Ha llegado
la valija de la tarde.

(sin fecha)

## 2. DE LOS QUE OCUPAN EL ESCENARIO

Hoy, pimpollo de malva;
golondrina-saeta
en el celaje;
péndulo de hierro
en el martillo
de los minutos encuadernados;
aplausos
bajo el cardumen de los circos;
fanfarrias
ovacionando los pendones
y pífanos
en las diplomáticas corbatas.

Estalla el flash
para los hombros encumbrados,
y luego, cierra su mirilla
para olvidar el rostro
y la peluca que se quitan
en su propio dormitorio.
Se lustra
con zumo de limón
el acomodo ajeno,
partiendo la baraja
hasta encontrar
al rey de trébol.
Muchos
miran con envidia
esa toalla vencedora al cuello;
no saben
que ella enjuga los quebrantos
con que entran a la ducha
cada noche
esos peces solitarios.

Palomares de amor
siempre exitoso,
con ansias de encontrar,
por fin,
correspondencias.
Deseo reprimido
de la mano y el beso
tendidos
en el pasto ajeno.
Celebridades alcanzadas
por hermosura con retoques
y testamentos malvenidos,
por inepcia disfrazada
o por la amnistía
que ofrecen los periódicos
a los ambiguos artificios.

De pronto, el tramoyista
nos cambia de butaca sin aviso.

(sin fecha)

## 3.DE LO QUE IRÁ QUEDANDO

La luna de esta noche
no será la de ayer,
ni tampoco será
la de mañana.

La malva
se hace arena;
la golondrina
gotera lenta del invierno;
el celaje
un estallido
de cañones y combates;
el péndulo
una congelación de hielos;
los minutos
una red
de carcomidos engranajes.

Se convirtieron
los días en jinetes
que apenas aletean;
los aplausos
en escasos gorriones
que astillan el cristal del aire;
los brillos
olvidaron sus espejos;
y la espesura perdió
la espuela de su estambre.

El amor
desde ayer
compró otro traje.
Al deseo

se le aflojó la boca,
y el truco de su disfraz
quedó sin hambre.
En cuanto a la celebridad,
falleció de leucemia
al parir sus sílabas
en medio de la calle.

Sopló la noche
y no quedó nada de nadie.

17 de octubre de 1985

# CARIDAD

Dame Señor
el canto del arroyo,
dame el acento de tu dulce voz;
del bello cisne el último gemido
y de las aves su cantar de adiós.

De las brisas quisiera el dulce arrullo
y de los mares sonoros el bramar
para cantar un himno,
el más hermoso,
a la bella virtud de caridad.

Mas, ¿por qué esta lira no se atreve
a decir su sin par excelsitud?
Es que, Señor, ejemplo ya nos diste
al morir en el monte,
allá en la cruz.

Bendice, a esta otra madre
que me diste,
bendícela mi Dios, mi buen Jesús.
Dale tu paz, Maestro,
aquí en el mundo
y enciérrala en tu manso corazón.

para Soeur Luisa - 1931

# MATILDE

Murió Matilde
y la bajaron
por la triste escalera
dos brazos amigos
y cuatro mercenarios,
huyendo de su alcoba,
apenas
con una sábana cubierta.
Matilde estaba sola.

Uno sólo lloraba en esa noche
mientras los buitres
urracas, peucos, lechuzas,
jotes, cuervos y cernícalos
olían y buscaban
cómo llenarse los hocicos
mientras se helaba lenta,
ya con su vida rota,
la noble carne de la muerta.
Matilde estaba sola.

Por robar cheques y joyeros,
escupieron a la blanca poesía
y pisotearon las flores mojadas,
las pinturas, los libros,
el plato de la sopa
y hasta el alma de Pablo
y de su amada.
Matilde estaba sola.

Murió Matilde
y antes que muriera

sacaron a relucir el testamento
para humillar
a los fieles servidores
que ella amó.
Ay, cuánta gente
vomitó zalamerías,
mientras con el ojo descarado
medía el tamaño de las cosas
y la aptitud de su bolsillo.
Matilde estaba sola.

Reptando a su manera
los lobos salieron
de sus agrias madrigueras,
sellaron los teléfonos,
cerraron la compuerta a la palabra
y callaron los mensajes
que el mundo organizaba por la muerta.
Mientras tanto,
con el alma rota,
conversando con Pablo su silencio,
Matilde estaba sola.

Se cerró la caja,
se fundieron los cirios,
se llenaron las bocas de siseos
y lenta bajó
la señora en bata oscura
abandonando la casa azul
de la Chascona
como en el manso velero
de Isla Negra.
Matilde estaba sola.

Vino, luego,
el camino de los muertos.
Escuché los gritos
desde lejos
y bajé trotando la escalera
para poner mi flor morada
entre los dedos vacíos de la muerta.
No fue posible,
aunque la gente no era tanta
ni tan poca.
Una vez más
Matilde estaba sola.

No pude entrar al desfile.
Me pareció un pretexto sólo
para acentuar la propia conveniencia,
y no quiero ser cómplice de nadie
cuando se trata
del nombre de los muertos.
Se sube mejor a la corola
siguiendo el llamado de la rama.
¡Que triste latigazo!
En medio de los gritos,
Matilde estaba sola.

Hace meses
vi partir entre aplausos
a un juglar
y entendí que era bueno
despedirlo del tablado
con la cortina viva de esas manos.
Matilde no fue actriz,
sino una viva poesía.
A ella se le debió cantar;
no batir palmas, sino rosas.

A pesar de los aplausos
y la arena salada de Isla Negra
Matilde estaba sola.

Me abstuve de entrar en el cortejo;
me quedé mirándola
y agitando mi pañuelo
en esa mañana magullada.
Subí hasta el cerro
para divisar entre los boldos
el cortejo
y allí me convencí
del engaño de las gentes y las coronas.
Con todo ese muro
de gritos y pañuelos
Matilde estaba sola.

8 de enero de 1985

# ANOCHE, ANA MARÍA

Vi tus ojos anoche,
Ana María,
patios de la tristeza,
ventana
en que el amor, a diario,
afina su guitarra.
Vi en tus ojos anoche
ese calor de miel y terciopelo
de luna morena adormilada;
vi la flor del paqueret
deletreando
el "me quiere
mucho,
poquito
y nada"
de los que el amor
van encontrando.

En tus ojos hay, Ana María,
dos linternas quemantes
que vocean
a los navegantes solitarios,
mientras en el mar de tu mirada
ellos disfrutan el naufragio.
Si bajas las pestañas
adormece el día;
el sol alumbra nuevamente
cuando levantas
las finas celosías
con que cubriste
los dos espejos
que asoman en tu cara.

Allá en la hondura
dos palomas
agitan sus pañuelos
de uvas y aceitunas,
chispeando tu llamada.
No escondas
tu ráfaga marina
tras el visillo de tu cara,
Ana María.

Anoche,
mientras en la mesa
la receta nos leías,
dividiendo el pastel
que tus manos fabricaron
con retazos de amor
y aguja de casera regalía,
comprendí por qué
toda tu casa sonreía:
¡Vi tus ojos anoche,
Ana María!

20 de enero de 1985

## RESPUESTA A ISABEL

Llegó, Isabel, tu carta
con sabor
marino Talcahuano.
La dejé,
sin leerla,
alumbrando la mesa
en donde
ordeno mis ojos
cuando me arremete
el sueño.

Al despertar,
abrí tu escrito
y, en lugar de palabras,
volaron por mi alcoba
bandadas
de torcazas, abejas,
golondrinas itinerantes,
amapolas calurosas,
gorriones sin sosiego.

Hoy llegó tu carta,
Isabel.
Fue como si llegara
el cielo.

31 de diciembre de 1984

## TORRE DE BACACAY

Es una espiga más,
una pluma clandestina
sorprendida por el sol
cada mañana,
en el zarzal espeso
donde ha dormido
en esta noche
Buenos Aires.

Es un árbol blanco
en un plantío de abedules,
rígida alabarda
de un gigante
que vino
a sentarse en la vereda
a hacer su guardia.

Torre feliz,
nimbada de celeste;
índice
mirando hacia la estrella;
péndulo
colgado de las nubes;
ladrillo y fierro,
maderas y cementos,
así eres.

También eres
puertas y ventanas;
vitrina
de gasa transparente;
novia secuestrada

por el día
en cada aurora,
que en medio de la noche,
parpadeas.

Torre de Bacacay
donde se aliaron
las manos y los sueños,
el océano terrestre
y las esperas;
anzuelo hurgando
en el fruto codiciado
de las tiendas.
Torre
con tus dos arterias
de estrechos helicópteros,
siempre alertas a la llamada
para escarbar los socavones
o para alzar el vuelo.

La del ojo alerta,
vigía de los trenes
que, sin magullarse,
cruzan sus venablos
en la arena.

Se albergan en tu puño
los canarios y los mirlos,
y se multiplican
los panales
para ofrecer su vino
a quienes llegan
a tocar la aldaba
de tarde en tarde,
en tu postigo.

En ti, el pan,
la manzana,
la leche blanca,
el humo del café
y el agua simple,
día y noche cantan
en los ojos
de dos enamorados
que amándose y amando,
esperan el regreso
del amigo.

Cuando estoy en ti
me cercan
los caminos de la gloria,
porque es gloria substanciosa
repetirme ese destino.
Torre de Bacacay,
gracia de Buenos Aires
donde el amor
dejó prendida
la flor de su abanico.

24 de septiembre de 1985

## HOLA, SOY ALEX

Sobre el banco desnudo,
junto al río,
el recado de quien sabe quién
estaba ahí,
como un reloj que se hubiera detenido,
anotando la hora
de los deseos invisibles del estío.

Lo toqué con los ojos.
Lo leí con las manos,
sorprendido.
Negro sobre el blanco
en la madera horizontal,
así estaban los signos diminutos.
¿Eran las pisadas de un colibrí
que, peinándose en el río,
con el agua y la llama
se entretuvo?

¿Qué muchacho, zagal, mancebo,
mozo, rapaz
o descuidado adolescente
escribió la letra de aquel canto
en ese pentagrama
perforado
de caligrafías inocentes?

"Hola. Me llamo Alex.
Soy de los Ángeles.
Escríbanme.
Quiero tener muchos amigos".
Era toda la boca de lo escrito.

Faltaba sólo que añadiera:
"Soy la viga
de un molino solitario;
un muro sin velamen;
un tren vacío sin voz
en la llanura;
un fragmento de bosque;
un aire sin idioma en el oído;
una estrella náufraga
en el aroma negro de una nube;
un pez plateado
tendido en el camino".
¿Por dónde vagará ese niño
hurgando en los rincones
de los bares, de los automóviles,
del alquitrán, la fábrica,
la calle envenenada,
para encontrar la mano,
la candela o la lluvia
que falta a su comarca?

"Alex, Alex, Alex",
le llamo y no responde.
"Leí tu telegrama,
Alex de los Ángeles.
¿Tienes, acaso,
las alas de los ángeles
para remar hacia el sol
sobre la niebla
con una paloma verde
en las espaldas?
¿Leerán tu mensaje
de amor esperanzado
los estudiantes y las liceanas
que destrenzan en el parque
el complot de su cimarra?"

"Quise escribirte, Alex,
desconocido poeta del banquillo;
pero, mi carta se quedó sin brújula
porque faltaba
en tu poema
cavado en la madera sofocada,
el número y la calle
de tu domicilio".

Por eso,
viajaré en estos días
a Los Ángeles,
y en medio de la plaza
gritaré al vecindario
que no entenderá, quizá,
mi vocerío extravagante:
"¿Conocen ustedes a Alex,
un chico sin color,
sin edad y sin tamaño
que escribe
recados encendidos
en las líneas paralelas
de los bancos,
junto al río?"
"Si lo ven,
díganle
que ya llegó
la carta de respuesta
de un amigo caminante
que tocó, por azar,
la cicatriz de su mensaje".

7 de septiembre de 1985

# SALIERON LOS CUARENTA

Los cuarenta navegantes
en la gaviota blanca
se embarcaron,
y con el ala mullida,
sometieron
el pulso de la nieve,
la roca, la llanura,
el río, la distancia, la arboleda,
el asfalto y la pampa sin orilla.
En la alfombra voladora
del cuento
erigieron un callado telescopio
con que violaron la neblina,
la máscara, la almohada y el cerrojo
de cortijos y fogosas ciudadelas
con su pupila pasmada,
descubierta.

Salieron los cuarenta
con el asombro adentro
y con el paisaje afuera,
con los dos pétalos
abiertos de su boca,
devorando todo el copihue
de la nube blanca
y toda la piel quemada
de la tierra.
Salieron los cuarenta
hurgando en la cintura
de la bella azucena
que, en el vecino jardín,
desataba el cordón

celeste y blanco
de su intacta vestidura.

A su paso,
se abrieron las plazas,
las ventanas, las puertas,
las sonrisas, las palabras,
los ceños, las maderas nuevas
y los libros viejos;
el pozo, el agua,
el pan y el condimento,
los aplausos del arribo
y el adiós de los pañuelos.
Los cuarenta vieron
que era posible
llorar y sonreír de ternura
al mismo tiempo.

El capitán extendía su capote
y la marinería se dormía adentro.
No se rasgó la tienda,
ni hubo gestos
que dejaran heridos
o lagunas secándose en la arena.
La gaviota marina
fue anotando,
con vuelo convencido,
el itinerario
que marcaba el péndulo:
Mendoza, San Luis y Río Cuarto,
con Ramos y Luján hasta Junín,
con Buenos Aires respirando al centro.

Una semana entera
los cuarenta
demoraron en subir
paso a paso, la escalera,
sin que la platería blanca del molino
dejara de moler la piedra;
siempre colmado
el corazón de crisantemos,
siempre la cara convertida
en rosedal de besos.
Así, cada día,
con el sol nacían
y así se despedían cada tarde,
para, en el alba de abiertos abanicos,
del mismo modo
continuar viviendo.

Fue diáfano el amor
que recibieron los ebrios navegantes
en la respiración de cada puerto.
Muchas gentes
abandonaron sus literas
para ceder su invernadero florecido
al buscador de domicilios nuevos.
La mesa fue un panal,
con la miel de todas las praderas
para hacer que los comensales
se sintieran reyes, prelados o poetas.
El tiempo se olvidó de los relojes
para hurtar noticias,
enfardar palabras
y contaminar las vidas
con otras vidas nuevas.

Los cuarenta caminantes
respondieron a la puerta abierta
con su canto mozo
y su guitarra antigua.
Con el gesto sencillo
con que reparten
su corazón las tórtolas
arropadas en la pantalla de la encina,
para conmemorar la fecha,
en sus caras sorprendidas,
escribieron
páginas y páginas
de tierna poesía.

Esa tarde de sábado,
al regreso,
se hicieron candil de amores
los labios y los dedos,
y rodaron los anillos
calle abajo,
para hacer alianzas
de recados en silencio.
Mientras la gaviota blanca
hacia sus propios mares
emprendía el vuelo,
en el camino
le sorprendió el galope
de un manantial de pájaros
que batían sus manos
buscando un argumento,
para que todos retuvieran
en sus ojos siempre
el nuevo amanecer
que les abrió este encuentro.

Regresaron cantando hasta su patio
los cuarenta marineros,
soñando que soñaron
en sólo siete días,
en siete tardes, en siete auroras solas,
el sueño de los sueños.

30 de septiembre de 1985

# REUNIÓN

Anoche se juntaron
los siete grandes
a ver si era posible
salvar la vida
a la ballena varada,
en medio de la calle.

Presidió el buen fraile,
sin saber por donde atar,
ni desatar la madeja
de una inopia mental
interminable.
Sonrieron los presentes,
con la misma abulia de costumbre,
y el abogado de la causa
leyó el acta moribunda,
entre frases y aclaraciones,
de cuando en cuando,
improvisadas.

Sin comentarios,
el acta fue aprobada,
porque hacía dos meses
que el guiso en el horno
olía a rancio,
y nadie de su ensalada de palabras
se acordaba.

No faltó algún sesudo
comentario
acerca de que era mejor

dejar algunos meses
la ballena varada,
a ver si de tanto dormir, resucitaba,
aunque ello significara
que los pobres marineros
que trabajaron por mantenerla
a flote,
regresaran a comerse las uñas
a sus casas.

De pronto, mientras el capitán
trataba de amarrar
las jarcias y maromas,
y atracar a la orilla
la grúa para izarla
y vestir a los buzos
con aletas y escafandras,
una voz de diáfana inocencia
trastabilló palabras
preguntando
si no sería mejor mantenerla
así varada,
porque, qué se podría hacer
si la ballena blanca
después de todo,
por fin, resucitaba.

Inteligente cosa,
magnífica ocurrencia
ante tan increíble inteligencia,
la asamblea boquiabierta
repetía:
"Claro, para qué queremos
un cetáceo tan grande,
cuando es más cómodo

y despreocupante,
mantener solo un pejerrey;
que para guardar
la apariencia bastarda, bastaría.

Desde el trono de Júpiter
bajó el músico
que maneja baterías
hasta el llano, y explicó
entre violento y displicente, sobando
su teoría de violines, cellos,
oboes y trompetas,
y dejó a la asamblea apabullada
con la sapiencia de su diccionario.
Todo este guiso entre serio y truculento,
fue adobado con salsa comestible
de un maestro sencillo
a quien condecoró con arrogancias,
para probar que su tesis
merecía la aprobación y el aplauso
de la asamblea de los siete sabios.

En resumen...
Aunque discutimos
y nos agarramos, violentando
las palabras, los gestos y las almas,
para inventar como lanzar de nuevo
al oleaje
a la enorme señora
que boqueaba;
lo mismo la ballena blanca
quedó varada,
en medio de la calle.

29 de enero de 1985

## INFELIZ

No tiene donde reposar,
ni tiene amigos.
Camina por el bosque
del amor, perdido.
Sentado en el umbral
de su propio paraíso,
se está muriendo
masturbado
de egoísmo.

22 de abril de 1985

# ESTOY RENDIDO

Yo, el mismo,
que, a cada paso,
estoy diciendo
que siempre hay que subir
al sol más alto,
ahora estoy mirándome
los pies y los zapatos,
lo mismo que un guerrero
que regresa derrotado.

Y, el mismo,
que me precio de optimista,
y ansío la gerencia
de quien administra
la algazara,
soy incapaz ahora
de echar por la ventana
el humo amotinado
en mi granada.

Yo, el mismo,
que ando enseñando
el contento de arrojar
los desconsuelos
por la espalda,
ahora estoy descuartizado,
sin estatua,
macerándome, con el recuerdo,
el alma.

Yo, el mismo,
que aconsejo

abrir sólo la alforja
donde el gozo
atesora sus ganancias,
de pronto me descubro
sin capa,
desnudo de aleluyas
y guitarras.

Yo, el mismo,
que pretendo
que la gente sienta,
en todas sus auroras,
el clima azul del año nuevo,
me veo en este enigma
acorralado, descontento,
tablón sin clientes
en mi aserradero.

Yo, el mismo,
que edifico almenas
y recojo cada día
los cantos
del planeta,
me siento torpe
afinador de cuerdas,
atado al desamparo
de mi ciudad desierta.

Yo, el mismo,
sé que estoy aniquilado
de tanto bracear
tan lejos de la playa,
sombras apenas de un sonido.
Soy incapaz de escuchar la paradoja
gritando en mis oídos

la excusa de aferrarme al tiempo,
cayendo en el vacío.

Tú, el mismo,
pese a verte exhausto,
que crece un árbol vivo
en tu sangre
estás sintiendo,
por eso da gracias a Dios, a ti
y a tu propio descontento
por ser un hombre más
entre los hombres de tu tiempo.

20 de marzo de 1955

## PADRE BACH

Bach no inauguró la música.
Le llegó a las arterias
con la sangre,
y con la sangre misma la hizo semilla
de otras sangres
hasta llegar con sus enigmas
a vivir, por tres siglos
como nadie.

Bach aró en los surcos
en que sembraron sus industrias
otros profetas de la alondra
y otros insurrectos navegantes
del sonido.
Ellos hicieron codiciado vino
y pozos opulentos
para la sed de quienes buscan
cómo mirar el rostro de la tierra
desde la empinada
transparencia de los techos.

Llegado el plazo del encantamiento,
Juan Sebastián lanzó su proyectil
y entró a la asamblea
a cuestionar la verdad
del desafío.
Sumergió su mano en el teclado
y lo hizo hablar la lengua
con que cantan los arcángeles
ante el trono de Dios,
el inmutable.
Se esponjó, entonces, el milagro.

Fue imposible, en adelante,
definirlo
y entre cuatro molduras
enmarcarlo.
Creó, sin pretenderlo,
la insondable tortura de su hablar
y abrir así las puertas
para el gozo del encuentro.
Nunca es posible alcanzar
la raíz de su raíz, el follaje multiplicado
de su caligrafía,
la válvula de los latidos
de su incitante simetría.
Su tratable transparencia
es un campo verdeazul
en que juegan,
se esconden y aparecen
las indagaciones y los parabienes
de la sabiduría.

Bach fue un planeta
con un ojo de mirar distinto;
con la marca del trueno
y de la llama en sus oídos.
Nadie pudo, hasta ahora,
comprender la sonora
virtud de su alfabeto,
ni descubrir la madera
con que talló su música
en el tiempo.
El nos dio la clave
de lo simple y lo excelente
y una constitución
sin reglamentos.

Desde la ciudadela
sin torres de su océano,
Bach nos llama, nos incita,
nos atrapa, nos deja estupefactos,
nos limpia, nos seduce
con su indómito martillo.
Nos deja en el suspenso
justamente allí
en donde el horizonte se deshace
y se abre el firmamento.

Padre Bach
del triple centenario,
tú que ves que el progreso nos anula,
desde tu verbo sin alardes,
envíanos las alas
de la paloma aventurera de Noé,
para subir por tu escalera
hasta el mástil
donde suspiran los ventiladores
y los bosques con sus lanzas
sostienen las estrellas.

21 de marzo de 1985

# SU SOMBRA

Mientras tomaba forma
de hombre
la palabra
y se preñaban
los desiertos de edificios,
y la paz con la guerra
discutían
ansiosas su destino,
Bach llegó, sin pensarlo,
a su camino.

El es compacta
cosecha de verano,
pureza
de la torcaza amante,
osado amanecer,
profunda entraña de volcán herido,
norte del pasado tenaz
adivinador
del sur indescifrable.
Como el ojo de Dios
así es, así fue,
así será
en medio de los hombres
siempre
Bach.

Tuvo el genio profético
de Daniel y de Isaías,
de Juan y de Mateo
al descorrer

el velo de sus cantatas
y sus dos pasiones.
De rodillas siempre
hizo de su escritura
un pabellón sonoro
para albergar la escasa claridad
que nos quedó
cuando perdimos la aurora
de nuestro liquidado
paraíso.

Fue entre los grandes
el primero,
sin que nunca se desviara
su constelación de derrumbes
y renuevos.
Fue un arco de la alianza
su destino,
en sus dedos, en su noble frente,
en su andar, en su mirada,
en su humor cambiante,
en su amor propio
de tormento,
y en su alma
con esa su pasión de crear sonidos
de lo mucho y de la nada.

La música
tiene un antes y un después.
En esa cima,
recibiendo las tablas de la ley,
como Moisés,
allá en la cumbre,
del dialogar

con los que fueron
y estarán,
prolongará su sombra
siempre Bach.


21 de marzo de 1986

## PEDRO, EL RELOJERO

Conozco a Pedro,
minucioso relojero,
con su gracia
de abrir las cerraduras
atascadas,
vapulear la herrumbre
de las raquíticas aldabas,
y poner
en el pecho mismo
de su relojería
la manzana roja
de sus péndulos.
Pedro sabe
devolver el latido a las arterias
sin canto
de los relojes muertos.

Los niños se asoman a mirarlo
con los ojos irrespetuosos
prendido a sus dedos,
y, por las noches, sueñan
con sus pinzas, sus ejes,
sus tornillos,
y ese ojo truculento
que sabe descubrir
el minúsculo chasquido
de los pasos
del más pusilánime
lucero.

Los enamorados, a su turno,
le ojean de más lejos,

ansiosos de comprar
en el escaparate
de Pedro el relojero,
una hermosa caracola
que respire con el mar adentro;
Fantasean
que la alquimia
de sus sortilegios
les devuelva el amor
que se marchó
en la goleta pertinaz
del no me acuerdo.

Pedro es tranquilo
lo mismo que la tierra.
Sabe esperar, sin aspavientos
el trance maduro del tic tac del trigo
con paciencia.
Dentro de su taller
sin muros y sin puertas,
hay un mundo de relojes ajustados
al minuto
con esferas de blancas y corcheas.
Ya sabe que vendrá
la hora precisa
de la siega.
Con el ojo acuartelado
y el horario en vela
con sosiego,
espera.

Pedro es el señor del tiempo,
correveidile del cambio,
remolque de las horas,
de las ansiedades, dueño.

Maneja la llegada
de la tarde y de la aurora,
como la arcilla el alfarero,
y trasforma
la impuntualidad de los amantes
en exacto advenimiento,
con el solo ajustar
la complicidad del minutero.

¿Qué sería de todo el universo,
con sus afanes, sus distancias,
su primavera y sus inviernos
sin los afanes
de Pedro el relojero?
Si Pedro no amarrara
su propia máquina impertérrita
a las cábalas de esa flores redondas
con sus doce pétalos,
no sabríamos cuando la noche
es aurora y llega el día
con el broche del sol
adornando su solapa.
De nuevo se abre la relojería
y recomienza a brincar la vida
en medio de la plaza.

18 de junio de 1988

# JUAN, EL CAMPANERO

Cuando era mozo
andaba Juan
en amores con la música,
tratando,
con miradas, con gestos,
y con silbos de galán
hacerla suya.
Buscaba compartir
su verbo con su llama
para cronometrar
el vaivén de las campanas
desde la vida misma
a las palabras.

El sabe, como nadie,
abrir el zurrón,
aderezar la caña
y lanzar
la carnada y el anzuelo,
para que vuelen peces
a colgar de los naranjos
sus silencios.
Tiene la gracia de transfigurar
los arenales en viñedos,
permutar la tristeza,
madurar el metal
de los zagales
y colmar de ternura
la intolerancia
de las piedras.

Con sordina de sabio
y con sudor de abeja,
descubre los indicios
para despertar el canto
lo mismo en los gorriones
que en las alondras y los mirlos,
fabricar
una guirnalda de golondrinas
y canjearlas por uvas
de voces en racimo.
Inventa piruetas de picaflor
en las gargantas de los niños
y desespera por erigir
en su comarca
la ciudadela de los himnos.

Izó el canto
desde el olvido
hasta la cima de la nube intacta,
para hacerlo descender
con la nobleza de la lluvia
hasta el labio
en que nacen las palabras.
Aunque no inventó el planeta
de la música,
fue su propietario
y con ella a cuestas
despabiló la costra
de los que sólo amaban
la marea de la siesta.

Después de muchos viajes
estreché de nuevo
la mano de Juan,
el asiduo campanero.

Recordé su sombrero
de titiritero astuto,
con los mismos
escamoteos de su manga,
lanzando pájaros al viento.
Es un tren
que brasea sin descanso
y un velero
en que Dios
ha clavado su bandera.
Qué bueno sería
que en el mundo
hubiera Juanes como él,
con la capacidad de sacar
hasta del barro
una quimera.

21 de febrero de 1988

# INVITACIÓN A LA PAZ

Hoy quiero lanzar mi red,
mi afán de panadero,
mi telegrama abierto,
para invitarte
a un convite con la vida.
Para incitarte a abrir
el portón de tu silencio.
Para hacer de tu taller
la boca de un volcán insatisfecho;
de tu ventana,
un fanal asomándose
a la mudez y al trueno;
de tu tranquilidad, un estandarte
que camine en el desierto.
Hoy quisiera
conversar contigo diez minutos,
apenas un momento,
para invitarte a la paz,
y, con su anillo,
coronar tus dedos.

No te invito
a la blandura de los parques,
ni al puñado de cenizas aburridas
del brasero.
No te invito
al reposo de las plazas anémicas,
ni a las hojas sin brisa,
ni a los ojos sin destellos,
ni a las manos con mitones friolentos,
ni a la paz de los desvanes,

orgullosos con sus decentes
y benignos esqueletos.

No te invito
al sosiego de la gente almacenada,
ni a cabalgar los vientos,
disimulando a todo escape
tu explosión de miedo.
No, a la paz
de las cruces blancas,
ni de las frentes enyugadas
al abatimiento.
No a la paz
de los que callan por prudencia,
complicidad o desaliento.
No aquella
de los que huyen del asedio,
o a los que aman el orden
por el orden,
y miran los arados difuntos
desde lejos.

Te invito
a una paz que escandalice
a todo aquel que tiene fama
de impávido, juicioso
y benemérito.

No te invito
a la paz de los contentos,
porque tienen seguro el pan,
la cama, la camisa,
la sombra, el veraneo,
los hijos estudiosos,
el jardín, el sueldo;

y contemplan impávidos,
sin tocarse apenas el sombrero,
a los que pasan descalzos
del amor,
de la rosa,
de la mesa,
de la imagen,
del suelo;
a los que la esperanza
les ha cortado su teléfono;
a los pobres
que tienen el mirar
sin cielo.

No te invito
a la paz
con golpecitos en la espalda,
y, entre los dientes,
el pestillo del desprecio.
Ni te invito
a que descanses una hora,
mientras haya en tu navío,
un torturado, un fugitivo,
un llanto negro, un exiliado
un urgido a decir o callar,
un prisionero.

Me gusta para ti
una paz
de asombros y de retos.
Una paz
comprometida con la vida,
aunque sea sucumbiendo.
Una paz
que sobresalte

la paz de los banqueros
para poner atajo
a su modesto mil por ciento.

Para ti
quiero la paz
que se encabrita
sabiendo que la vida
sólo estalla   por un tiempo;
y que nunca,
mientras tus manos
están vivas,
tienes derecho a ser molino,
con disculpas en tus nervios
y en tus avaricias,
para seguir moliendo.

Te invito a la paz
del enojo,
del látigo y la voz
sin muchos silabeos,
cuando palpes la injusticia,
el abuso, la crueldad,
el desprecio, la avidez,
el engaño, la burla,
tu egoísmo,
y mis tibios argumentos.

Te han dicho
que la paz se impone
por decreto.
Que es menos vulnerable
cuando hay patrullas
en las calles,
y la gente se viste

con fusiles, o con bombas,
y juega a ser vigía o insurrecto.

Que la paz
se cocina mejor
con emergencias y consignas
y en sartén de acero.
Que todos gozan
verdadera paz de caballero,
cuando se les clausura
el andar, el escribir,
el disentir,
y el contar cuentos.

Te han dicho
que la paz se conquista
muy rápidamente
utilizando tijeras
de T.V.
y silencios,
que tronchen o que estorben
a los pájaro jóvenes
su vuelo.
Que la paz es invencible
cuando las noches
están deshabitadas
y los carruajes quietos.

No les creas.
La paz
se conquista comprendiendo
y mirando,
desde el sitio
en que otro mira,
lo que nosotros creemos

estar viendo.
La paz solo se riega
con la paz
que llevas dentro.

Yo no sé si tu campo
y tus anteojos
son grandes o pequeños.
Ignoras, como yo,
cuantos días
restan a tus años,
para ejercer
tu oficio de alfarero.
¡Salgamos todos juntos
a la calle ahora,
con solas nuestras manos
extendidas,
como abanico abierto!
Vayamos lanzando
guitarras y flores
y racimos de sonrisas
sobre los campanarios muertos,
para que agiten sus aplausos,
y despierten los dormidos,
los impasibles, los permanentes
y los satisfechos.

Hay muchos esperando
que pasemos a su lado,
para amarrar sus hombros
al cortejo
de los que buscan expropiar
al mundo
la iniquidad de su silencio.

Hay muchos, casi todos,
que ansían
abrir puertas y persianas
destechar los techos,
derretir los nudos ciegos,
desenganchar los muros
y los cercos,
y hacer que el sol penetre
hasta la hondura,
nos cuente su secreto,
y arribe
el olivo y la paloma
a nuestro invierno.

Así,
se llenarán de risa,
sin saberlo,
tus días, y mis días;
y nada
habrá en la tierra
comparable a la vida
y a su crecimiento.
Y una paz
de dulzura y de tormento
te arropará con su canto
en alma y cuerpo.
Entrará por tu casa y por la mía,
por tu calle, tu vecindario,
tu ciudad, tu pueblo,
tu país, tus fronteras,
tus océanos.

Esa paz
pondrá aceite en las heridas
que causaste a tu hermano,

tu padre, tus hijos,
tus amigos, tus abuelos,
y hará que sean irreprochables
sus defectos.

Esa paz pactará
con todos los idiomas;
asomará a los rostros
de color distinto;
llevará su aguacero,
sin distingos,
sobre todas las tribus,
y en todo el universo.
Y después del diluvio
que nos hizo propietarios
del llanto
y del volar sin vuelo,
llegará,
llegará,
llegará por fin la paz
con que Dios,
de una plumada,
rotuló nuestra vida
con su humano nacimiento.

A esa paz te invito,
hermano;
no lo olvides.
Esa paz
del amor que escucha,
que entiende y que perdona,
siempre sonriendo.

(sin fecha)

## MI LENGUA

Hurté a mis vecinos
la diversión
de ver los colores
como yo los saboreo.
La riqueza repletó mi morral
de días buenos
y de noches cantando
a mi manera.

Pese a todo lo que tengo,
por un detalle,
por un rasgón en mi gabán,
por un reproche del sol
a mis pestañas,
se convierte
mi lengua
a cada instante,
en papel arrugado
que protesta.

29 de enero de 1957

# DESCONCIERTO

Quisiera explicarme
y no me explico,
cuando veo pasados
que se fueron
y exilios
que nunca
podrán adueñarse
del regreso.

Aquel adiós del hijo
a la esfera blanda
en su primer encuentro
con el aire.
Aquella despedida
de la niñez a la inocencia.
Aquel agravio con dolor
a gente herida sin remedio.
Aquel beso burlado;
esa palabra
cuando pedía auxilio,
denegada;
el amor regateado
porque no hubo
inmediata recompensa.
El gozo del asombro sofocado
por la aventura
de cultivar malezas.

Me desconcierta
esta fatal
retirada del tiempo,

a resbalones
sin darnos un segundo
para tomar aliento.
Tampoco,
me atrevo a interpretar
aquel "hasta la vista"
que decimos
los vivos a los muertos,
ese que nunca nos responden
quizá, porque su ferrocarril
ya va muy lejos.

Quisiera explicarme,
y no lo acierto.
¿Mejor será pensar
que es todo un cuento?

11 de agosto de 1965

## GENEROSIDAD

¡Qué descarado soy
cuando me quejo
del imprevisto desamparo
y de los lienzos entumecidos
por dos noches,
sin manos en mis manos.
He conocido a otros
que, de verdad, apenas son
un apunte de lluvia
en los tejados,
destruidos,
definitivamente solos.
Solos.
Con toda generosidad
los desconozco.

4 de octubre de 1969

# TEMORES

Temo.
Temo a la estocada
de los ojos fríos
y los cálculos polares
de los piratas
que venden y compran
hombres vivos
con influencias y vómitos
de monedas delirantes.

Temo.
Temo a quienes comercian
con la pobreza sin salario
de aquellos
que no saben darse cuenta
que los atropellan,
y a los que inventan
mercancías para engaño
de las gentes indefensas.

Temo.
Temo a los que incitan
la cuajada del sexo
de los mancebos
en el complot de las esquinas,
y explotan
la carne de jacinto y luna
cortejando los ojos magullados
de las muchachitas.

Temo.
Temo a los que juegan
con la vida, el respeto, la cobardía,

el hambre y el instinto,
y a cuantos se sirven
del hombre
para su propio antojo
de mercenarios
que nunca fueron niños.

Temo.
Temo a los que hurgan
en los barriales
de la miseria humana
y mienten
y rapiñan a las viudas
para llenar sus monederos
y sus ansias.

Temo.
Temo al hombre que engulle
la dignidad y el habla
de otros hombres.
No nacieron de mujer.
Por eso tienen en los ojos
la indolente crueldad
de los relojes.

Temo.
Temo a quienes devoran
hasta indigestarse
toda lumbre
en el alma de la tierra.
Temo también que, por callar
frente a todos estos crímenes,
yo tenga un día
que dar cuenta.

2 de mayo de 1969

# DESCONTENTO

Temprano
en la mañana misma
me acarició
la llamada femenina,
angustiada porque cambio
monedas por recuerdos.
Golpeó mi puerta
al medio día un recadero
para ofrecerme
la vecindad de un viaje
hacia la fábula,
con un puente levadizo
para quedarme y salir
cuando me plazca.
Canté por la tarde
con quienes acudieron
a cantar conmigo.
Esta noche me hospedaré
bajo un parral
incendiado de racimos,
con doncellas floridas,
hombres metálicos
y narices
como guindas en conserva
de los niños.

Pasó ese estrecho día
que me llenó de afanes
y dejó mis pies envasados en silencios.
Un día feliz
como un incendio de rocío
en todas las ventanas

de mi edificio entero.
Pero, como soy individualista
en alma y cuerpo,
cuando apego mi oreja
al mundo empaquetado
de mi almohada
siempre noto
que soy un diario de vida
descontento.

31 de mayo de 1964

## CON MI SUEÑO

Alguien me llamó
tres veces angustiado,
para pedirme prestada
una linterna
lumbrera de su noche,
una dirección
que le abriera un derrotero.
Le ataba
una confusa cadena
y el abandono
le enfardaba riguroso
por causa de un amor
huido
sin regreso.
No fui capaz de consolarle,
avaro de mi dormir
y perezoso
de inventarle alientos.
No me importó.
Y así quedamos,
él con su soledad
yo con mi sueño.

8 de noviembre de 1981

# DELIRIO

La válvula
del humor se estruja
en cada esquina
de la palabra mal parida
y se abollan
los cerebros.

Es la supuración
de los antiguos maleficios
heredados de las arpías
y los lascivos mojigatos,
rituales podridos
que dicen nada
en su nadería.

Dientes postizos,
peluquines,
corbatas de diez mil pesos,
besitos al aire
en las mejillas aburridas;
muñecas carnosas
en los rincones,
comerciando rozamientos.

Sólo atino a vociferar:
«Oh larga partida de gusanos
agazapados en las coyunturas
de los caminos,
cómo envenenáis el aire
de los palomares».

Apártate, amada,
de su reloj dormido.
Míralos, acalambrados,
buscando cómo devorar
el rimel de tus ojos,
para asomarse
a tu cielo efímero.

¡Oh miseria,
que me aparta de ti,
y me deja huérfano
de aroma y blanco
en la sima de mi otoño!

1 de noviembre de 1987

## LA VISITA

Bajé del automóvil.
Olían a verdura
los pechos excesivos de la noche.
Sin mediar zalemas ni cuidados,
se abrió la vertical mirada
de la puerta,
poniendo un relámpago de luna
en la calle amarrada a la vereda.
Entré, viajero sin camino,
en el estuario
con sus seis costados
alertas al encuentro.

Me sorprendió, al entrar,
una sorpresa:
apoyado en el muro
en enagua almidonada,
un niño, con un gesto
de caracol sin ruido,
abría de par en par
su menuda afirmación inteligente,
queriendo adivinar
el por qué se allegaba
a su minúscula presencia
un nuevo abuelo
de quien no sospechaba siquiera
la existencia.

Se tiñó de algarabía, entonces
la trinidad humanizada:
el arcoiris del hombre y la mujer,
con el espejo de los dos, en medio.

En la pared
anotaba su memoria
el tiempo.

Sentí que se fugaba
en ese instante,
la soledad siniestra
que durante dos semanas
me fue cercando
en el dique de esta tierra,
hasta dejarme en pocos días,
sin verbo, sin árbol, sin orilla,
ajado bajo el sol,
en el desierto.

Vino luego la cena,
y se vistió de rosas
para el huésped,
el mantel, la servilleta,
y todo el territorio de la mesa.

Conversamos.
Conversamos, ensogando a todo el mundo,
en estrecho parlamento.
Se rompió la llave
con que callamos antes
lo que quisimos ser
y no hemos sido;
del cómo aprovechar
la pluma del jilguero,
pintar de rojo el sueño
de las amapolas,
escarbar en la osamenta donde se nutren
las novelas y los cuentos,
y desnudar los mil andamios

donde la vida se sostiene
con su geometría y sus milagros.

Esa noche,
en el vértice exacto
del gozo recién recuperado,
palpé la experiencia repentina
de ver cuánto vale a veces
el descubrimiento,
la palabra, el pacto,
la sonrisa, el techo,
y la silla vividos en común
aunque cansados.

Qué riqueza mayúscula es
canjear el mismo pasaporte,
registrar el sabor de la manzana misma,
del mismo aceite, del mismo vaso,
y compartir el pan candial
con los que amamos.

Qué fácil resulta aprovechar
la hondura que marca los detalles,
para aclarar la niebla de la aurora,
como se añade blancuras a las sombras,
la cicatriz se cubre
y reviven
los muertos de soledad
y de cansancio,
con el gesto solo
de estrechar las manos.

(sin fecha)

## EL FOGONERO

Pis, pis, pis, pis...
En el rincón
de su segundo día
separó
el agua de la carne.
Sólo ayer
el Fogonero
había enarbolado
en su ventana
sus reflectores
deslumbrantes.

17 de noviembre de 1990

# ESA MOZA

¿Ves esa moza
que vocea su hermosura
en la vitrina
de dos por tres
allá en la esquina
de la duda?

Tiene carne, sin carne;
frente sin pétalos;
ojos, sin ojos;
labios, sin labios;
no tiene corazón
bajo los pechos.

Esa moza no es novia,
ni es manzana;
no es pájaro azul,
ni jaula abierta:
Es sólo un comensal insatisfecho
que dice mucho y habla nada.

Ella es la cerradura
que nunca cierra a tiempo;
el torno de los días
que llegan y se escapan;
la escalera que nos lleva
de la ilusión al sufrimiento.

Esa moza es la muerte,
emperatriz sin cortejo
del polvo y el olvido;
la comadrona

que preside el enigma
de los buenos y malos nacimientos.

Todos la llevamos a la espalda,
sin sospechar en qué momento,
cómo y dónde,
tocará nuestro portón
para notificarnos la sentencia
de divorcio del alma con el cuerpo.

1 de noviembre de 1983

# DICHA

Tengo la dicha alborotada
en la ventana de mi corazón,
convocando
a los pájaros vagabundos
y a los potreros desgarrados
a este desfile de mi gozo.
Las puertas de la alegría
están abiertas:
es que el sólo vivir
ya es una dicha.

Me viene desde adentro
esta manera atolondrada
de ser dichoso,
dichoso en alma y cuerpo,
dichoso por cualquier cosa
que me toque, me lave,
me complique, me bien diga
o me incomode:
es que el sólo vivir
ya es una dicha.

Es tan grande la dicha
hundida entre mis dedos
que sus relámpagos
ya salieron de cacería
para atrapar la camisa del sol
y sus zapatos jadeantes
antes que se los vista
de neblinas la mañana:
es que el sólo vivir
ya es una dicha.

Tan grande
es la dicha que llevo dentro
que, en el agua de mi vaso,
se han volcado los aires
con su puñal de vidrio,
los volcanes sin razón
con sus racimos
y toda la risa niña
con que canta el fuego:
es que el sólo vivir
ya es una dicha.

Toma, hermano,
parte, siquiera,
de mi dicha.
Este gozo que el Alfarero
sopló sobre mi polvo
cuando yo venía
recién arribando
al túnel en que fui semilla.
Toma esta arena derramada:
es que el sólo vivir
ya es una dicha.

Toma, hermano,
toda la que quieras.
Mi dicha alcanza
para hacer un muro
sorpresivo de acuarelas.
Con sus colores pintaremos
una verja de manos dichosas
rodeando las noches intranquilas
de los derrotados:
es que el sólo vivir
ya es una dicha.

Firmaremos un pacto
de dicha por cien años
con todos
los que ya desesperaron
de tropezar
con la más ínfima sorpresa.
Su corazón, entonces,
repicará en la cima
del laurel:
es que el sólo vivir
ya es una dicha.

Se me entró la dicha
por todos los cristales
de mis poros.
¡Qué llenen las gentes
sus cántaros con ella,
antes que su secreto
en la soledad marina
se equivoque!
Es que el sólo vivir
ya es una dicha

11 de mayo de 1986

# MI TIERRA

## TIERRA

Nací de tu tronco y tu cadera.
Dormí balanceado
en el capullo
de los flexibles brazos
de la Bienvenida,
amarrado a la ostra de mi cuna
con los pañales de sus tonadillas;
hasta que, en un día inolvidable,
mis pies de niño, dos trozos de canela,
escalaron, por sí solos,
por los peldaños de tu espalda,
tierra.

Desde entonces fui dueño
de tu sonoro cascabel
y de tu esfera
y me sumé a la pandilla
donde baten
sus monstruosos instrumentos
los planetas.
Me gustas descubierta,
y a tu raíz me arrimo
porque eres cuenco de la vida,
cristal biselado,
mano de polvo y tinta,
única moneda
con que el arado campesino
compra el pan substancial
de su pobreza.

Te veo con los pechos revelados
en la cumbre de la sierra

con tus ubres
amamantando el agua nieve
y el hambre de las siembras.
Te veo extendida en el valle
con delantal
de verde coqueteo,
bordado de retamos y camelias,
anudando tus muslos con el agua,
para hacer canales
y ensamblar fronteras.

Surgirán de tu matriz
los esponjosos trigos,
la alfalfa y las arvejas;
por ti dispararán los álamos
su hilera de alabardas,
los sauces sacudirán sus penas,
y los robles pavonearán
su musculatura viril,
al sentir como crece en su carne
el verbo sin hablar
de la madera.

Por ti, las higueras
prorratean sombras,
los viñedos
el jugo azul de sus racimos
y sandías y cerezos
la miel de sus guaridas,
mientras tu sangre sube
al picacho de los olivares
con languidez de siglos.
¡Cómo ondea tu pollera de percal
en los faldeos de las lomas
y en los patios de los conventillos!

Tierra de la plata,
el cobre, el hierro,
eres de pronto, arcilla
con que preñas
el vientre de la jarra.
Eres también la piedra
donde un frenético gigante encadenado
espera el martillo
que lo convierta
en muslo, cintura o rostro,
gritando con tu lengua.

Hembra sola, sin marido,
te escondes en las cavernas,
imaginando que hilvanas
manteles para tu boda,
piel a piel,
con el sol mismo.
Te abrazas a los volcanes
con ira, ceniza y fuego:
dardos arañan tu idilio,
tijeras rapan tu pelo,
y por el cráter gastado
con su enorme ojo de vidrio,
sólo atinas a escupir
en la cara añil del cielo.

Tierra virgen, sin mancilla;
vieja tierra
con surcos ya resecos
en tu cara.
Tierra.
Oh dulce tierra
con que juegan los niños
a ser dioses,

haciendo con tu barro
creaciones;
cuando el aire me falte
y el agua y el fuego ya no sean,
me cogerás en brazos,
me cantarás arrullos olvidados,
me ofrecerás de nuevo tu vientre y tu
cadera,
y ablandarás mi sueño,
tierra.

16 de julio de 1961

## AIRE

Cuando vine al mundo,
aire,
me penetró tu espada
con el llanto.
Allí te quedaste,
huésped de mis pulmones,
alboroto de mi sangre,
lucero de mi palabra,
silencio de mis oídos,
lava de mis poros,
auriga de mi rueda,
aguardando aquel instante
en que,
con la vida misma,
tú también te marches.

Me acostumbré tan pronto
a tu plumaje,
y a mantener contigo
este lazo nupcial,
que sólo advierto
la ingratitud de mi silencio
cuando,
por cualquier fatalidad,
te callas
o te ausentas:
tan prudentes son tus pasos
y el tono con que me habla
tu paciencia.

En este alborozo
de vivir contigo
por segundos y por años,

has sido mariposa
en mi sabor de niño,
batahola
en mi calor adolescente,
jazmín
en el aliento de mi amada,
y, cuando suena el cencerro
en la comitiva de los vinos,
madurez ufana.

Tú eres angustia,
suspenso y balbuceo
cada vez que compartes tus latidos
con mis ratos
de idioma descontento.
En las buenas horas
y en los malignos momentos,
aunque tus escoltas
me acosen
con desmayos, estornudos
o cuchilladas al viento,
entre todos mis amigos
y dudosa parentela,
eres de noche y de día
un socio que no me deja.

Cuando juegas
con el sol y con la lluvia
el arcoiris con sus siete colores
te proclama vencedor.
Cuando dices tus amores a la noche
se abarrota tu boca de estrellas,
y de azules lunares
se asfalta la cuartilla
en que escribes tus poemas.

Eres fresco y jugoso
con la aurora;
galope rojo
es tu semblante al medio día;
quieto en la siesta;
oro en los desfiles de la tarde
espuma en el ala de las gaviotas;
flauta en la caña;
música en el sonido y la palabra.

Cuando te enojas, aire,
porque te atropellan o te atajan,
te vuelves
malhechor de la venganza:
huracán, torbellino,
devorador de vidas,
tenebroso trueno encadenado.
Sin embargo,
aunque arremetes, calmas,
y, sin mirar en quien,
copiosamente esparces
en todos los rumbos de los nacimientos
la transparencia de tu sangre.

Sigue siendo,
mientras viva el hombre,
su compañero de juegos,
de amores, de sudores
y eléctricas quimeras.
En el velamen de nosotros
los hombres navegantes
siempre eres
vida de nuestra vida,
aire.

16 de julio de 1956.

## AGUA

Novia del cielo,
con tus sábanas de encaje
organizas el cortejo de las nubes
para estrujar
sus sílabas en vuelo
sobre las piedras sedientas
de mi calle.
Tú tientas
la cerradura de la flor
cada mañana
con tu llave de rocío,
y te quedas
en los días congelados
convertida en el cristal
por donde miran las escarchas
el puño del sol
abriendo su postigo.

Naces de no sé donde,
desnuda y clara;
bajas,
cimbreando la cintura
por el caracol de la montaña,
fresca como una moza
que recién se atreve
a colgar en el jardín
su ropa blanca.
Te encadenas a los ríos mansos
con tu vendaje biselado apenas,
y sabes cabalgar los impetuosos
clavando en sus ijares
tus espuelas.

Tú acribillas
con alfileres de lluvia
la espalda de la tierra,
y la sientes
como sufre y goza
con los requiebros
de tus hilvanes sin palabras.
Aprietas
tus mínimos respiros
y en tus pulmones alojas
el polvo de las nieves.
Tú sabes apadrinar
mejor que nadie
la infancia de los cerros,
y preparar
sus tareas escolares
para la interrogación
ya programada
después de los inviernos.

Eres, agua,
parte silvestre de mi cuerpo;
sumergida esponja
de mi piel,
de mi sangre y de mis nervios.
Eres, agua,
con el pan sobre mi mesa,
el testimonio vivo
de que estoy viviendo.
En mi potrero
eres galope de la tarde;
en mi calle,
la acera de mis sueños;
en mi boca, azúcar tibia;

guante entre mis dedos;
y en mi cara,
lisonja que me limpia.
En mis pies
eres alivio de zapatos viejos;
y en mi carne,
cuando tú me nutres,
eres huella de aquellos días
de recién nacido
que hicieron de mi barro
un hombre nuevo.

Con qué risa
te acercas a la playa,
dejando tus pañuelos
en la arena;
con qué gritos
golpeas en la roca
ciñendo su garganta
y sus caderas.
Al pie del árbol derramas
la pausada comarca
de tu siesta,
y besas sus raíces
con el mismo amor
de las esposas nuevas.

Rocío, lluvia,
granizada, nieve,
pozo, vertiente,
y campesino estero,
torrentes, ríos,
mares y cascadas,
diluvios
y secretas escamas de los hielos.

En todo este misterio
está la mano de Dios
creando el agua,
para que el hombre
se sintiera bueno.
Agua, agua, agua,
para el amor
de los sedientos.

12 de agosto de 1956

# FUEGO

Fuiste el cogollo más alto,
oh fuego,
en la arboleda del asombro.
El último instrumento del cuarteto
que apareció en el escenario
del hombre amaneciendo.
La tierra, el aire, el agua
ocuparon sus asientos
con los atriles alertas
para iniciar la obertura
del insólito concierto.
Entonces, llegaste tú
con tu arrebato y tu estallido de sol
y púrpura en tus dedos.
Eras el poderoso señor
que hace señor
al que es tu dueño.

Desde aquel punto,
te he visto llama en el brasero,
con los pétalos flotantes
de tus manteos arzobispales
entreabiertos.
Te he visto candela hambrienta
en las mediaguas;
velón contrito
en los funerales;
ocio quemante
en las chimeneas opulentas;
estallido de muerte
en el ácido sudor de los combates.

Tus lenguas
son testigos que restan
de los barcos derrotados.
Tu llama
es la suave esfera de los astros
prendidos
en el cielo verdeazul de los naranjos.
Tu dedo
es levadura en las cocinas,
farol en las distancias marineras,
centella de violencia
en el disparo.

¡Bendita llama, tú calientas
mis manos y mis piernas,
la leche, el arroz, el pan
y el oro perfumado del caldillo!
¡Bendito agorero
que anuncias la sopa
en la penumbra
de los estómagos vacíos!
¡Bendita pupila remota de la noche
en el punto final del cigarrillo!
¡Bendito hachón en los cuentos
almenados de los niños!
¡Bendita corona de luciérnagas
para las animitas que cayeron
en los barrios bravos y en los caminos!

¡Ay, fuego de aquellos que estropean
tu hoguera a garrotazos
o que olvidan que haces guardia,
aunque durmiendo, vivo!
Entonces, centauro ciego,
azuzas tus mastines
y arrasas pastos, siembras,
bosques, ensueños y respiros.

Nada te detiene,
volatinero iracundo y tornadizo:
trepas hasta la diadema de los cedros
y los desnudas de piel y de intestinos.
Violas las viviendas,
potro de los diez colmillos,
revientas las ventanas
y escupes la coraza de los muros:
disolver y diezmar
es la meta de tu furia,
hasta morir tú mismo.

Alguna vez te aliaste
con la brutalidad de los tiranos
y en el hocico de su hoguera
te convertiste
en tigre y serpiente,
para domar la rebelión
de quienes se resisten
a que les cuadren las ideas.
Amo tu amor
y odio tu encono.
No incendies mi cabaña,
calienta mis almuerzos,
ensancha tu cintura
en mi candil;
alumbra mis insomnios;
no quemes mis poemas;
en la turbulencia vencida
de mi fragua,
se el pan para mis hijos.
Deja tu milagro en mi brasero.
Mientras ame y viva,
se mi amigo,
fuego.

5 de noviembre de 1956

# NIEVE

Te admiro,
nieve garza.
Te admiro,
trigo sembrado por la lluvia
en sus ratos de descanso.
Te admiro
corpiño de encaje
en el pezón lozano
de la acacia,
vendaje en el sueño
de la alfalfa.

Te admiro,
nieve galante.
Tú sabes llenar
de harina el cesto
de las madrugadas.
Tú calmas los colchones
de plumones frescos
y extiendes, sin arrugas,
las sábanas recién almidonadas
para los novios impacientes
del invierno.

Te admiro,
nieve solidaria.
Tú cubres de armiños
los hombros de los ranchos,
reyes de los cuentos
por un rato,
y propagas
la pálida anemia inmaculada

en las lomas solitarias,
para que nueva sangre verde,
detrás de ese invierno
la renazca.

Te admiro,
nieve inofensiva.
Te fabricaron los santos inocentes
en sus molinos
de pañales y mantillas,
por eso sabes
permutar con los niños
tus menudas astronaves,
tus andariveles y trineos,
por sus mejillas coloreadas
con capullos de geranios,
y la embriaguez de ser felices
al sentir
la caricia de tus pámpanos.

Te admiro,
femenina nieve,
virgen que te desangras
con la espuela del sol,
hasta hacerte,
(insolente mancebo enamorado)
hilo de seda primero
entre las piedras,
sendero caminante
por la montaña abajo,
riachuelo y torrente,
río y puerto,
hasta abrazarte
con tu hermana gemela
la sal de los océanos.

Te admiro,
nieve mía,
porque descubro en ti
las pisadas deslizantes
de mi amada,
su música de niña,
su amor primario adolescente;
sus dientes que de ti
recogieron su blancura,
y su risa, nieve,
que es tu risa misma.
También porque te veo
refrescante ropa limpia,
en las sogas de mi lavandería,
donde juego mi gozo
de sentir mi vida.

Muchos te ven sudario.
Yo te veo mantel
sin tacha de mi mesa.
Muchos te encuentran fría.
Yo te siento
como una novia
que por las noches,
de sus enaguas blancas
se desnuda,
enamorada y tímida.

13 de junio de 1974

# CATALEJO

¿Qué flores miras
en Miraflores,
si en Miraflores
no hay flores?

Suelo, de paso, tocar
el arancel ceniciento
que entristece los balcones
agrios y viudos
de flores
en Miraflores.

Veo apenas las seis cruces
yacentes en seis esquinas
entre amarillos tablones,
sin una rota memoria
de flores
en Miraflores.

Si no fuera
que jilgueros y torcazas
pasean con polleras de colores,
no quedaría un andamio
de flores
en Miraflores.

Ponte abrazado a este muro
salpicado con el habla
de diminutos faroles.
Es una jarra encendida
de flores
en Miraflores.

También tus flores deshoja
al pasar por Miraflores.
¿No has visto que Miraflores
se está quedando sin flores?

18 de noviembre de 1989

# CANCIÓN

Brotó en el aire
cuando el pájaro
escribió su libertad.
Se hizo una hoja más
entre las hojas
de los álamos perdidos.

Este polen caminante
subió a la grupa del agua
y de los vientos
hasta violar
un día mis oídos
y penetrarme
los pulmones y el cerebro
con el rocío sonoro
de su cuerno.

Allí se quedó
por muchas horas,
bañando mi universo
hundiendo un dedo
en mi costado,
almacenando
su dulce tormento
en mi pulso entrecortado.

Cuando quise
atrapar enajenado
esa palabra exacta
para entregar
el urgente telegrama
de música, danzas y colores

mi aliento rompió
mi propia sangre,
y se hizo en mi garganta,
igual que en el río y la guitarra
una canción.

12 de agosto de 1985

# GUITARRA

Por el mástil
los marineros
apresuran sus dedos
para bajar el agua
hasta tu cántaro,
guitarra.

Una aureola
nimba tu pozo
de boca desdentada,
por donde me muestras
la flor de tus entrañas,
guitarra.

Tus seis caminos
se abandonan
a todos mis dedos
para buscar juntos
todos los rincones
donde cantan tus arterias,
guitarra.

Mientras una mano
escarba
en tus espaldas,
la otra
sale a esquiar
muerta de risa
por tu larga escalera,
guitarra.

Cómo rasga tu vestido
y acaricia tu piel
la mano depravada,
con ansias
de desnudarte
y escuchar tus quejas,
guitarra.

Con suspiros
de tu peso tibio
recostado,
eres todo cintura
y calor de llama
en mis rodillas,
guitarra.

Sácame la suerte,
morena castaña,
bailadora gitana,
y muéstrame en las manos
mi destino,
guitarra.

18 de enero de 1985

# MONÓLOGO

Montaña,
mujer nevada;
camino,
varón tan quieto,
custodios de mis andanzas,
hipnotismo de mi tiempo,
por vuestra paciencia,
gracias.

Roja luz
almidonada
de automóviles distantes,
porque encienden sus miradas
con el recado amigable
de hablarme en silencio,
gracias.

Río,
camino de infancia,
gigante de siete leguas,
cómo escudriñan tus aguas
la ronda de mis secretos.
Porque no los cuentas,
gracias.

Gente
sencilla y sin máscaras
en busca de metas nuevas
y hormigueo de esperanzas,
por hacerme la indulgencia
de viajar conmigo,
gracias.

Luna
a tu noche asomada
guiñando tu ojo redondo
allá en la torre más alta,
para reír con los novios
me incitas a darte
gracias.

Oh viento,
con tu campana
me recuerdas que es muy poco
lo que a mi dicha le falta
mientras muchos andan solos.
Por decírmelo,
mil gracias.

21 de septiembre de 1991

# EL RÍO

Baja el río,
ancho, desflocado, perezoso,
apenas sin mirarme.
Está aprendiendo
a besar la piel
de la rivera,
y, en este juego
de esconder la cara,
y tocar con disimulo
la cadera,
le importa poco
quienes pasan a su lado.
Nunca se detiene.
Pasa.

Baja el río
para estar en forma
cuando llegue el momento
de entrar en sociedad
con la pradera.
Sacude sus brazos
y hace cien flexiones
con sus piernas
para entrar en calor,
entre las barras paralelas
pintadas de blanco
todavía fresco
de la cordillera.
Su nueva catadura
se agiganta y se endurece
como el mejor atleta.

Admiro su pelambre
cuando roza
los túneles agobiados
por la piedra
y de veras le agradezco
cuando me admite
a beber a tragos lentos
el vino azul
junto al sol atardeciendo.

Borrachos
nos dormimos,
el río en su canoa
acariciando la espalda
de su novia tierra;
el sol dando tumbos
detrás de la cortina negra
del crepúsculo
y yo
asomado a mi noche
con una bandada
de pájaros errantes
cantando en mi cabeza.

Baja el río
cuesta abajo
lleno de risa
admirando sus propios
disparates;
pensando en otra cosa,
tal vez
en el cómo será su encuentro
con el mar.
Allá va el río
distante, distraído,

dejando siempre atrás
otro paisaje.
Pasó el río, indiferente,
paso a paso,
como tú pasaste.

11 de agosto de 1987

# FLORES

Nombre de campesina,
por todo te sonrojas,
y abres tu corazón
para la abeja,
ROSA.

Te tiendes en el trébol
para tomar aliento,
y llenas de colores
tu vida,
PENSAMIENTO.

Te he visto desfilar
rocío en el jardín,
lanzando tus saetas
veloces,
ALHELÍ.

El beso blanco y tierno
caído de una estrella
fundió tu porcelana,
ingrávida
AZUCENA.

Jamás a un microscopio
le sobró la paciencia
para contar los rizos
de tu cabeza,
HORTENCIA.

En el claustro secreto
apegado a la tierra

te bañas en el verde
de tu espuma,
VIOLETA.

Adivinar no es fácil
por qué tu violín,
en lugar de cantares
da fragancias,
JAZMÍN.

Quien pudiera sorber,
sin perder una gota
la llamarada ardiente
de tu labio,
AMAPOLA.

El rey en sus banderas
y en su capa de armiño
estampó los tatuajes
de tu nobleza,
LIRIO.

Con todos los colores
de la aurora desnuda
tejiste las alfombras
de mi canto,
PETUNIA.

Tu corola de sedas,
remolino en silencio,
es la tienda de joyas
que abrió el sol,
CRISANTEMO.

Todo aquel que padece
tristes males de amor
arranca tus pestañas,
gentil
MANZANILLÓN.

Capas de terciopelo
y verdosas sandalias
son caprichos que guardas
para las fiestas,
DALIA.

Te encaramas al muro
y despierta te quedas,
estrujando el perfume
del adiós,
MADRESELVA.

Ese niño que crece
va girando el timón,
siempre rumbo al milagro,
como tú,
GIRASOL.

30 de junio de 1961

# FRANKLIN CON BIO BIO

Ven.
Quiero invitarte
a tocar la dicha y el disparate
y a abrir la fragua
de las turbulentas alegrías,
subiendo juntos a ese mercado
de Franklin con Bío Bío.
Allí se transa con los secretos
de los desvanes desamparados.
Allí quien quiera
trota
a dejar su ofrenda
en las paganas alcancías
de lo sobrante,
con sus monedas que nada valen
en otras tiendas.
Ven.

En esa selva
de treinta cuadras y diez galpones
tres mil devotos
de los latidos y la esperanza
y diez mil buceadores
en mares vastos y clandestinos,
pactan sus citas
cada semana,
para soñar despiertos
con cacerías afortunadas
en el follaje de esos racimos.

Lenguas ansiosas
allí te incitan a sumergirte
en su mezcolanza,
la bisabuela de la codicia:
relojes, clavos y tuercas,
palmatorias sin opinión,
anteojos, tenedores, libros,
cacerolas pontificales,
catres para recién nacidos,
cunas para novios,
marcos sin memoria,
oropeles
con sus lenguas en conserva,
bronces de idiomas amarillos
y serruchos sin dentadura,
enmohecidos.
Zapatos, calcetines de centauros,
jabones, enaguas deshojadas
y la oreja magullada de un molino.

En esa gruta
de los tesoros
de Alí Babá con su poblada
de bandoleros,
hay siempre partos maravillosos,
como en los cuentos.
Una radio tartamuda
y sin sentido,
un atlas insurrecto,
un zapato viudo,
un farol tuerto,
un plato desdentado
o un mueble boquiabierto.

Allí todo se pacta;
se liquida todo,
todo pestañea.
Unos suplican a gritos:
"Llévame"
y otros,
entre dientes, claman:
"¿Dónde te encuentras,
ninfa marina,
que me atormentas
con tus silbidos?"

Si quieres sanar
de las angustias
y cargar de nuevo tus baterías,
remontar volantines
sin apellidos,
saber como estudian
los maniquíes en las vitrinas,
cómo voltean los girasoles
en los altillos,
anda al Mercado
de calle Franklin con Bío Bío.
Saldrás de esa tinaja
más aliviado de la memoria,
las emociones, los pasos
y los bolsillos.

18 de abril de 1985

## MERCADO

Amo ese mercado
de los pobres,
los ilusos, los buscadores
de manzanas celestiales,
los amantes de la sorpresa
y los vendedores
de gotas de rocío.
Ese mercado,
traficante
de neblinas, estandartes,
lagartijas y latidos,
en donde los ordeñados
regatean por un peso
o discuten por un pepino.

Amo ese ronroneo
de alba marina,
los ojos desnutridos zozobrando
en las heridas del pavimento.
También los tactos y las pisadas,
con su naufragio
en esa aduana disparatada.
Andan buscando
una sarta de peces de oro
con el empeño, la misma fiebre
y el hipnotismo verde esperanza
de los mineros.

Amo a los feriantes
de ropa usada
y las balanzas donde organizan
sus desatinos.

Con ellos, amo las mil alfombras
en el faldeo de las veredas;
allí hoy azuzan a los ingenuos
y los alivian de su demencia.
Amo el microbio de esas cenizas,
traspiés del horno de otros planetas,
y el revoltijo que se arrodilla
en la pura tierra.
Amo su manto
de trébol y de hojas secas
motivo de rara envidia
al arquitecto mismo
que hizo la infancia
de las estrellas.

Amo a esa gente
cuyo alfabeto
sólo contiene las doce letras
de "ofrecimiento".
Amo el instante
en que descubren,
aparentando poca codicia,
cómo mis ansias
tras los barrotes de sus ofertas
quedan atadas.
Todo el contorno de mi apetito
ya conocían
esos gitanos escandalosos,
con sus convites y sus rapiñas.

Sin un sonrojo,
amo ese reino y amo esa jaula
en que me interno
a sabiendas de sus patrañas.
Amo el saludo

y amo esos diálogos:
allí detonan
las mil palabras desvanecidas
del diccionario.
En esa pista de aterrizaje
todas las gentes
sin prevenciones y sin prejuicios
ponen su firma
para el prospecto
que guarda el nombre
de quienes
de cuando en cuando
hacen poemas a sus delirios.
Por eso, para librar
mi poca cordura
de los estragos de la semana,
también yo juego cada domingo
yendo al mercado
de Santa Rosa con Bío Bío.


18 de abril de 1984

## DESCANSO

No es fácil
encontrar un hermano.
Pero,
si lograste hallarlo
en la esquina
de tu casa,
o en el tren
de los desconocidos,
no temas
al amor,
ni al desamor.
Descansa.

7 de enero de 1953

## IMPOSIBLE

¡Qué maravilla
es llegar a tener,
en el trayecto
o en el vuelo,
alguien
con quien pensar,
sin abrir juicio,
y hablarse sin hablar,
y verse sin mirar,
y entender sin esquemas
ni argumentos;
y quererse
sin los pesares ni las hambres
del querer!

¡Qué espumante
racimo de vida!
Si le encuentras,
te ganaste el polen
de un océano;
también una arboleda
en alguna oficina
de la noche,
para despertar del miedo,
y ser.

5 de abril de 1957

# TERREMOTO

Cayó la espada del arcángel
sobre la espalda desnuda
del paraíso,
en aquella enguantada tarde
de domingo.

Cayó murmurante
en un principio,
con suave bamboleo
de pluma en las pestañas
del aire.
Luego,
con jadeo de toro bravo
en la cerviz herido,
arremetió
con pezuñas, cuernos,
cojones y bufidos,
contra la tierra virgen
ajena a tan feroz acometida.
En el suelo de marzo
se oyó crujir un grito.

Chirriaron los huesos,
se enloqueció la carne,
añil se hizo la noche.
Se desplomaron las cúpulas
con los intestinos
y las costillas al aire.
El rancho analfabeto,
el dolor urbano del callamperío,
el adobe ceniza,
el ladrillo estrujado en el horno

y el orgullo
de los esmerilados edificios,
quedaron sin comienzo.
Fueron planetas derribados,
calendarios perdidos
en el tiempo.

La espada del arcángel
los dejó sin tino;
un montón de abandono
en el desierto.

La matriz de la tierra
se abrió con un rugido.
Nunca nadie pensó
que, sin anuncios,
vomitaría sus entrañas.
Ninguno adivinó
que, en un instante,
destrozaría rodillas, caderas,
corazón y ademanes
con su grito.
En dos minutos,
más largos que dos siglos,
se derrumbó la alegría
de toda esa tarde,
tan llena de sol
de ese domingo.

Fueron más pobres
los pobres
al consumir
su pobre pobreza desgajada;
y menos ricos los ricos,
al llorar

su rica riqueza
hecha jarrón sin agua.
La mano gigante,
con su silbato de cuchillos,
aprisionó gargantas,
llamados y delirios
y arrojó puñados de sal
sobre la piel herida
de las calles y los ríos.
Las miradas y las piernas
navegaban
sin velamen, sin timón,
sin cuadrante:
collares ya sin hilos.

Cayó la espada del arcángel.
Con su filudo perfil
hasta la misma garganta
sumergido,
descuartizó las venas
y derrumbó
la aurora
de nuestro paraíso.

4 de marzo de 1985

## CAMPESINO

La tierra es tuya
sin ser tuya,
como el aire es mío,
sin ser mío.
Mientras yo lo recibo
inevitable
sin moverme apenas,
tú la buscas
y la ahogas con tus brazos
en el manantial
de tu ternura.

Te aliaste con el sol
y con la lluvia
para hacerla parir
uvas y trigos.
Los panes menudos de mi mesa
se amasaron
con tu levantarte al alba,
tu sudor despierto,
tu cansancio nocturno
y el milagro de amor
que se derrama,
cada vez que tocas con tus manos
la matriz desgarrada
de tu tierra.

Tú sabes los secretos
de su sangre:
el humor con que tibia, se libera
cada día de sus sábanas.

Su cansancio
o su risa
cuando siente
en la tarde coronada de sombras
que su vientre
está pariendo el maíz,
las arvejas, el cilantro,
el tomate y los porotos verdes.
Tú la miras con más cariño
que a la mujer
que comparte, sin celos,
este amor por tu tierra,
campesino.

Tú la besas con los ojos
cuando ves que el valle verde
asoma a la caverna de su piel.
Respiran tus ojos
aguados de angustia
cuando la ves amarga;
rendida de cansancio
con la cara cenicienta,
esperando que venga el agua
a humedecerla.

Tus espaldas y tus pies,
tus rodillas, tu frente,
tus sandalias y tus manos
son, más que tuyas,
botín que en esta guerra
de abrazados amores,
tu tierra
lo tiene bien ganado.

Nadie con más derecho
reclama su amor
que tú,
por el desvelo
con que la inmovilizas
y la despiertas,
en cada tarde
y en cada amanecida.
Tu propio minutero y tu destino
se amarró,
con tu simple artillería
de palas y azadones,
a su alma,
como la encina a la raíz
se agarra.

Tu vida,
sin límite ninguno,
se confunde con tu tierra.
La vida de tu tierra
es tu vida misma
en tierra transformada.
Nunca podremos
comprender nosotros,
en esta selva de ladrillos
la pureza,
lloviente entre tus dedos,
cuando deshaces
a migajas
las trenzas morenas
de tu tierra,
campesino.

19 de febrero de 1985

# EL RAPTO

Un día
llegaron los camiones asesinos,
el anzuelo de las grúas,
las palas mecánicas
y unos hombres de cascos amarillos
a robarle su tierra menuda,
todo el mundo de su mundo
al campesino.

Un decreto de insistencia
publicado en el diario del domingo,
ordenaba hacer con esa moza
tan granada de maizales
y de ponchos de yuyos extendidos,
un páramo sin pétalo viviente,
una lanza de kilómetros
una mortaja de cemento y ruido.

Atacaron en bandada
a la presa desnuda,
sólo cubierta
de verdes resonancias
y emborronaron el paisaje
con sus gritos,
tratando de entrar en el futuro.
Ella no hizo alardes de resistir
ni puso trancas en su cuarto.
Le cubrieron el rostro,
amarraron sus piernas y sus manos
y, luego, como a los muertos
la tapiaron.

El viejo campesino
vio como el progreso
anulaba ese rico sabor
que era su vida.
No se explicaba por qué los asesinos
le raptaban su amor,
y con almíbar de asfalto
sellaban esa tierra más suya
que el techo de su casa.

Nadie preguntó
si quería poner una flor en su tumba;
nadie le vio llorar
cuando hacia el sol miraba
para contarle el crimen
que le hicieron.
Nadie pensó que se quedaba huérfano
de madre, abuela, hermana,
hija y amada,
cuando amortajaron
la tierra de aquel hombre
esa mañana.

Hace una hora le vi pasar.
Cada tranco
parecía un disparo de ira
en la cabeza gacha.
Trataba de encontrar
alguna grieta
dejada, quizá por los verdugos,
para que pudiera respirar
su tierra
antes de cerrarle las pestañas.
Le vi ponerse de rodillas
y llorar.

La tierra que era suya
estaba sin remedio emparedada.

Palpando la dura cicatriz,
de pronto,
sus barrosas manos vieron
una brizna de yerba,
brotando de una arteria
mal cubierta
entre los pechos de su amada.
Cogió esa huella con tizón de enamorado,
la besó, como si fuera
una boca asomada a una ventana,
y la guardó en su pecho,
mientras su corazón cantaba,
repicando.

Con paso aleteante
continuó el camino.
Sabía
que bajo la venda de cemento
su tierra
lo aguardaba.
Su tierra estaba allí
tan sólo descansando.
Un día
la encontraría al paso
mostrando sus encantamientos,
y juntos vivirían
en la pradera azul
preparada por Dios para el encuentro
de la tierra desnuda con su dueño.

20 de febrero de 1983

## ESTE ERA UN NIÑO

Un día lleno de agujeros,
apareció
en cualquier sitio
de la miseria.

Creció
en la gotera podrida
de la población,
callampa en la callampa;
hijo del abandono;
hermano
de la nada.

Hurgó
entre las basuras
la esperanza:
saboreó
en sus pestañas
el pan de las vitrinas
del Paseo Ahumada.

Encontró la ternura
en un perro impreciso
bajo el puente
del Arzobispo.

Ayer
lo vi cantando
guarachas
y tangos amarillos
en una micro
sofocada de sudores

de Santa Rosa
y San Francisco.

Hoy
lo trajeron destrozado.
Era
apenas
un niño.

7 de agosto de 1989

## TE ESCUCHO

Ven a sentarte,
hermano campesino,
en la proa de mi mesa.
Pon el carbón de tus manos
en la fragua de las mías.
Te escucho.
Háblame de tu simplicidad
y tus sangrías,
de la ciencia amortajada
que llevas hundida
en tu garganta.

Tú conoces la tierra
y las espigas,
la experiencia de los vientos
y el dolor de los arados.
Tú sabes,
por el ladrido de los perros,
cuando llega el amigo,
el ladrón,
la humillación o el forastero.

Ven a sentarte,
hermano campesino,
ahí en la cabecera.
Cuéntame las maestrías
que aprendiste,
sudando tu cansancio
junto al ala vencida
de tu compañera.
Quiero aprender
de tu duro repertorio

lo que en los libros
no se encuentra,
y que el poder
silencia.

Yo sé que nunca
podré ingresar a la bodega
de aquellos que mueren
atados a horizontes
sin salida cierta.
Permíteme
consumar el sacrilegio
de tocar tu vida.
Siéntate y háblame.
Te escucho,
profeta de mi pueblo.
Dame tu sabiduría.

13 de junio de 1983

## CONVERSEMOS

Entra en mi casa
que es la tuya,
obrero heroico,
vecino de mi barrio.
Quiero que sea tuya la sal,
la cebolla y la cerveza.
Quiero decirte cuánto admiro
tu palabra sosegada,
tus manos sin nombre
evocadoras del cobre y el carbón,
martillos en la fragua.
Me asombra tu faena sin alivio,
retoño de la luz de Dios,
inventando otro universo
en el caos primitivo
de las fábricas.

Entra en mi casa.
Mientras preparo
el mantel de la merienda,
conversemos.
Aquí se cambia el pan
por una moneda de recuerdos.
Podremos hablar
de mi oficio y tus quehaceres,
del peso que llevas en tus hombros,
y mi carga envarándome
en el tiempo.
Me cuesta imaginar los cambios,
y vivo equilibrándome en un puente,
porque extravié mi infancia
y despisté mi cielo.

Aunque calles,
descubriré tu opinión
en tu silencio.
Robaré tu solución de maestría
y no te aburriré
leyéndote mis versos.
Entra en mi casa.
No será enojoso
imaginar cosas distintas
que yo sé y tú sabes.
Conversemos.
Igual que tú,
soy un señor amable
que sólo ansía
sacarse el invierno de la piel
y no olvidar
el sol y el mediodía.

13 de junio de 1971

# SEGUNDA TIENDA

Quiero esperar que venga el día
con su fresca inocencia
de puras madrugadas.
Esperar que tus brazos
se abracen con los míos,
para crear milagros y servicios.
Quiero esperar que surja el agua
de los pozos resecos,
y que el vino
estalle en el vientre del racimo,
para hacer de cada mesa
un armisticio.
Quiero esperar
que nunca deje de nacer el pan
de las bocas hambrientas
de los niños.
Quiero esperar que me respeten y respete;
que escuche y que me escuchen;

que me dejen libre
para gozar de la urgente libertad
de los pájaros y el viento.
Esperar que los crueles se hagan mansos,
los ricos generosos,
y que los pobres ganen
la lotería que soñaron, para pagar la cuenta
del almacén del barrio.
Quiero esperar que el hombre
madure para el hombre,
y esperar que los satisfechos
compartan su granero.
Esperar, en fin,
que Dios me mire
y te mire,
y nos vea a todos los hombres y mujeres
como risueños parceleros
en el potrero verde de su cielo.

PATRIA

HERIDA

# CALLAN LOS ENCANDILADOS

Terminó la feria
y el trajín de los cienpiés.
Cansinos como bueyes
a la carreta uncidos,
con las piernas
paralizadas de brújula
es el después.
Dejaron de circular
las farándulas
con sus melenas postizas
y los estandartes desflorados.
Ahora, los desfilantes
arrastran el peso
de su paso
con cierta estúpida vergüenza
de sus saumerios
y sus exorcismos.
Callan los encandilados
y en pelotón se arriman
al Bar "El Cuento Viejo"
a conversar
cinco botellas,
como desinfectante
a la epidemia
de optimismo.

20 de agosto de 1964

# VENENO SIMPLE

Las banderas airosas
arrimadas a los muros
se desmayan
sin mucha gallardía.
Es seguro
que están abochornadas
al sentirse cómplices
de tanta verborrea
y catarata testaruda.
El candidato
adelantó
su indudable investidura
rubricada con promesas;
imaginaciones y juramentos
envasados
en papel de diario.
Ahora no hay jerigonzas
ni hay bocinas.
Solamente en la vereda
yacen mil cerebros
repletos de carteles
y la llaneza de mil almas
envenenadas
de consignas.

9 de agosto de 1970

# POBRE DE TI

En los primeros años
muchas banderas engañadas
salieron al desfile
o se encaramaron a los techos,
creyendo que detrás
del alboroto uniformado
había un mirador
para sentirse libre.
Pero, ahora,
las banderas que salen a las plazas
a seducir con sus gargantas el oído,
sólo recuerdan ese día contrahecho
en que la noche asesinó a la aurora,
y las bombas proclamaron
el reino del violento.

Hoy no se atreven a mirar siquiera
lo que antes aplaudieron,
con el gozo de las amapolas
y de los jilgueros.
Están avergonzadas
de asomarse a los balcones
y de hacer equilibrios en los mástiles,
porque han sido testigos,
sin derecho a exhibir su testimonio,
del ultraje que vive nuestro pueblo,
al destruirle el último vestigio
de fortuna, de esperanza,
de dignidad, de vuelo libre,
de sílaba parlante,
y hasta de la misma piel,
sin lunares, de su nombre.

Tanto la manosearon
para hacer con ella uniformes
en que escondieron sus trapacerías
los almirantes de quien ella
era novia,
que ya nadie quiere con ella recostarse.
Tanto la pusieron en vitrina
para disimular los exilios,
las torturas, las delaciones,
las muertes y las cárceles,
que nadie quiere ya
lucir esa sortija.

Pobre mujer herida,
gotera desmayada,
hoja rota de otoño.
Eres apenas
una desollada cabellera:
pobre de ti,
bandera,
fragmento de la tierra
dividida.

18 de septiembre de 1985

## RITUAL

Desfilan los lienzos
haciendo alardes
de péndulos marchitos,
exactitud esquiva
y encubiertos artificios.

Todos en el aire
trastabillan
buscando en sus balanzas
equilibrios.
El torbellino se repite
cada cierto tiempo,
aunque nadie
vea la eficacia
de tan manoseado
revoltijo.
Es necesario.
Se someten al ritual
a ver
si logran convencerse
que están vivos.

30 de agosto de 1970

# ALLÁ VIENEN

Un, dos, tres,
cuatro, cinco, seis,
mil quinientos,
cuarenta
mil doscientos diez.
Al principio, delirantes;
enarbolando, luego,
el griterío gastado,
los rostros acuchillados,
las rodillas sin camino.
Allí vienen,
maniobrando sus consignas.
La calle ya sin ruedas,
el párpado cerrado
en las vitrinas,
los faroles
con su sombrero de siempre
paralíticos
los ven pasar.
Sólo dejan
una estela de sudores rancios
con sus pendones
pintados
de negro y rojo y amarillo.
Allí se escriben las recetas
con que los espantapájaros
se engañan a sí mismos.
Yo también fui
¡qué bochorno!
un infeliz carnero
en ese revoltijo.

10 de octubre de 1970

## DESTINO

La cristiana hermandad
sirvió de biombo.
En su nombre,
y guarda de sus fueros
y bautizos,
lanzaron sus perros
a las pantorrillas
de esta tierra,
aleta escondida
de lo que dicen
era el Paraíso.
En la cruz del sur
la remacharon
y pusieron en su frente
una trenza rotunda
de dos grillos.
El Evangelio
una vez más
cumplía
su destino.

20 de octubre de 1973

# EL ATAQUE

Los fusiles estallaron
estallaron en el frontón
del cielo amotinado.
De un manotazo
se derrumbó
la estatua viva
de todo este país
que sólo ansiaba
defender
su derecho a existir.

Crujieron los huesos,
la sangre
calentó de púrpura
las calles y el estadio.
El parpadeo
del Parque Forestal,
a punto de estar
endieciochado
cayó muerto.

Los garrotes y las trancas
acudieron muy tarde
a defender las puertas
de la heroica ciudadela
por sus cuatro costados
asaltada.
Desde el estupor
de mi tejado,
vi como la banda
de cernícalos
desgarraba a picotazos
sus entrañas.

Bofetones dieron
al que reclamaba
por sus muertos.
Cercenaron
manos de guitarra
y senos y gargantas,
vientres y testículos.
Pusieron silencios en los ojos
niebla en los labios
y mataron hasta el grito.

Sin que nadie
tuviera derecho
a una respuesta,
un golpe de cañón
fue suficiente.
Se apagó la luz
y se cerró la puerta.

30 de octubre de 1973

# MALA HORA

Despotricó el relámpago;
se fatigó la higuera
y el terror
desventuró
todo el paisaje.

Lloraba un niño
sobre aquel montón de tierra.
Los chacales,
vomitando risotadas
caminan ya distantes
con sus chaquetas negras.

15 de agosto de 1974

## INTERVENCIÓN

En las primeras horas
esa canción se encaramó
al altavoz de los balcones
y bajó al alboroto de los desfiles,
sin darse cuenta por qué
el alumbramiento
no tenía la alegría
de otras veces.
Alguien trancaba
la inauguración de las ramadas
de septiembre.

No sospechamos entonces
en qué llama
se consumía   nuestro grito.
Aún no vislumbrábamos
cómo el resoplido uniformado
con esta canción
nos envolvía,
afirmando por decreto,
ahora, sí, la libertad.
Sus pechos asomaba
en las troneras
de mi fragua
y de tu labio.

A la mañana siguiente
nos empaló la desgracia
y los fusiles agujerearon
las palabras,
y las hojas muertas
dejaron desnudo el árbol

en medio de la plaza.
Ese mismo cantar
deshilachó su idioma
intervenido
y cambió de antifaz.

Sólo se atreve a recordar
aquel día
en que la noche
sepultó de un manotazo
a la mañana.
Ahora ya es muy tarde.
Aunque quiera vestirse de verde,
saltar como delfín
en el arado o en la playa,
ya todos entendemos:
No hay mentira más negra y peligrosa
que aquella que se canta.

3 de octubre de 1975

## POCO FALTA

Ya nadie quiere
colocar banderas
en la nube,
en el pincel,
o en la copa violeta
de los álamos.
Ya nadie la agiganta
con el vino del feriado,
ni en el latido
que inaugura
la red de los andamios.

Los tres colores
ya no tocan su bocina
en la oreja
de los automóviles
ni agitan su alborozo
en los ojos de los niños.
Tampoco charlan
con su llovizna de septiembre
en las troneras
de los faroles y de las ramadas.

Ya no contagia su jolgorio,
gritando por las calles,
ese cardo encendido
de colores,
lanzando sus piropos
a la primavera.

Poco falta
para que el aire
las disuelva
y los mozos apenas
reconozcan su existencia.
Poco falta
para el día negro
en que ella
para siempre,
se nos muera.

19 de septiembre de 1976

# YO SE QUE VOLVERÁS

Yo sé que volverás
una mañana
a coronar los almacenes
y a pactar con las esquinas,
bandera amordazada.
Yo sé que volverás
a bailar
la zamacueca de las naves
y a ser nodriza en las ramadas
de todos los pícaros
Dieciochos
de la Independencia.

Mientras llega esa hora,
con la lisura de la plancha
te dejaré enjaulada
a mis costillas
para que no te roben
ni puedan hacerte prisionera.
Con el frágil
espiral de mis tendones
estarás atada
a mi corazón,
bandera.
Yo sé que volverás
a ser como eras.

21 de mayo de 1977

# UN DÍA

Un día llegará
ese toque de campanas
anunciando que terminó
ese incendio helado
que nos quema,
y todos juntos
caminaremos
a lo largo
del día y de la noche
con los hombros
en los hombros
y las palabras enlazadas
agitando la canción
que nos libera.
Y seremos,
como siempre,
un campo abierto
para todos los hombres
del planeta,
sin espadas y sin odios
que nos muerdan.

30 de agosto de 1978

# ENEMIGO

Ojos cuadrados,
cuadrados,
cuadrados,
con tecleos de silencio
y candados en el habla.
Traseros,
pies y manos
encadenados
a la estupidez aglomerada
y el encontrón
con el desgano de pensar.

Entrega en cuerpo y alma
al postor más estridente,
en más frívolo y banal.
Incendiario de bibliotecas,
violador de la intimidad,
asesino del tiempo,
pudridero
del engaño y la ambición.
Trajinante de lo inútil,
Bodega de las urgencias
simuladas
para los atiborrados de vacío
y los sublevados de aburrimiento.

Visitante entrometido;
jinete que olvidó
el Apocalipsis.
Fetiche de los niños,
lujuria de los adolescentes,
y amante fértil

de las mujeres solas.
Dote de la drogadicción.
Herencia fatal
de los negocios infecundos.
Naufragio del pensamiento:
Televisión.

20 de abril de 1978

# PALMOTEO

Palmoteo, palmoteo, palmoteo,
chiflidos, chiflidos, chiflidos,
histeria, histeria, histeria;
palmoteos con histéricos chiflidos:
patadas,
locura,
fetidez,
alienación,
consigna,
mediocridad,
cursilería,
infamación,
rayos láser del rock,
oropel,
sexo,
griterío,
gaviotas de consuelo,
antorchas en que arde
la inteligencia del verano,
los ídolos de barro,
la urgencia de olvidar la situación;
la música, por el dinero, envilecida,
la palabra una vez más prostituida.
Locura colectiva:
Viña del Mar...
Festival de la Canción...

19 de febrero de 1985

# SOLDADOS NIÑOS

Ayer vi dos soldados,
casi niños,
apuntando sus metrallas
en la acera
de la Biblioteca Nacional.
Al parecer,
defendían aguerridos
las tapas de los libros
para que nadie los abriera,
ni envenenara su cerebro
con ideas.

Tal vez, querían evitar el peligro
que, al leerlos,
las gentes de la calle
se acordaran
que «no hay mal
que llegue a los cien años»,
que «no hay tiempo
sin su propio desenlace»,
que «no hay deuda
a quien no obligue
el día de su pago».

Alguien los puso allí.
Lebreles asustados,
con aire de dureza
entre los dientes
y cosquillas de miedo
hurgando entre sus piernas.
Les mandaron
estar dispuestos a marcar
un sol rojo en la frente

de quién sabe qué niño,
mujer o adolescente
que amenazara con sonreír
al verlos ahí parados.

Las gentes que pasaban
eludían sus figuras
pordioseras de respeto
y obediencias.
Nadie
sentía por ellos
más benevolencia
que por un candil apagado,
una mosca en la miel aprisionada
o el perfume
de un pescado descompuesto.

Pobres niños soldados
a quienes enseñaron
a matar en la Alameda
a los crisantemos y geranios,
cuando pasan ululando
los sátrapas
en sus carrozas
de vidrios ahumados.
Ya no infunden temor,
sino un sudor de sonrojo acumulado,
al verlos jugar con la crueldad,
el espanto, la tortura,
el grito o el disparo.

¡Pobres niños soldados
que no entienden
que algún día,
no tendrán fusiles que matan,
sino grilletes en sus manos.

Lástima que no recuerden
que son hijos de ese pueblo
lo mismo que Miguel,
Antonio o Mario,
como todos sus vecinos,
como su madre y sus hermanos!

Un día
los papeles cambiarán.
Será por el estúpido delito
de someterse
a vigilar la Biblioteca,
para que nadie
se acerque a los libros
a aprender
lo que todos ya saben
o sospechan,
desde hace varios años.

De pronto,
en medio de la calle
sonará un disparo.
Y no caerá la gente transeúnte,
ni los muchachos
que levantan barricadas
para que nadie
les quite su primavera;
sino la carroña uniformada
del augusto soberano.
Aunque lo saben,
los soldados niños
representan su papel en la comedia,
por si acaso...

' 3 de enero de 1985

## LOS MUERTOS

Los muertos ya no ven,
ni tocan nada
cuando cuentan
los rostros y las manos.
Solo agarran
el aire del amor
como los niños
en la cuna materna
solitarios.
Ellos ya ven
las cosas de otro modo,
por encima de los colores
las frases, las banderas
y los odios.
Ellos ya saben mirar
las intenciones
del uso y el abuso
de sus despojos
y su sueño.
Por eso,
los muertos merecen
más respeto.

8 de enero de 1985

## SEMILLA

Te escuchas
con la dócil obediencia
de un micrófono,
y persigues el doctorado
del oráculo infalible
en la Universidad
que diploma a los redondos.
Admiras la gallardía
con que luces
tus manilargos adornos:
la toga "honoris causa"
y el birrete colorado
de improvisado filósofo.

Con tu sola mirada
injurias la red de los paisajes;
los robles,
sonrojados al mirarte,
se evaporan;
las montañas se escabullen;
los horizontes se desdoblan.
En todos los dramas
sainetes, tragedias y óperas,
exiges el papel
de director,
protagonista,
telón de fondo
y patrón de la tramoya.

A los grandes
atrajiste con lisonjas,
tratando de esculpir tu dedo

en su propio capitel,
besando, disimuladamente,
sus alfombras.
Aunque el humo
de la reverencia obligatoria
es el solo salario
que recibes,
nunca podrás detener
el desastre que te ahoga.

Tu planetario
de sólo un día,
tu escultura de hojalata,
tu grandeza escurridiza,
se pudrirán
sin alcanzar a ser semilla.
¡Pobre de ti,
caudillo sin bandera!
Ya no tienes
destino ni amor
con tu soberbia.

13 de julio de 1985

## AUSENCIAS

Engañando mi esperanza
asalté la calle
esta mañana
para urdir una bufanda
minuciosa
con banderas
regadas en los techos
de Santiago,
y atarlas en hileras
una a una,
las airosas, las descalzas,
las ajadas y las nuevas.

En las ancas de mis pies
repasé los jardines,
los balcones, las fachadas,
las vitrinas, los andamios,
el sudor de los portales
y todas las veredas.
Se quedó sin trayectos
mi listado
al constatar
que septiembre
no ha recobrado aún
su primavera.

Traté de sumar y de sumar
rojos, azules y blancos
y estamparles el tatuaje umbilical
de alguna estrella.
Sólo pude anotar
que en mi país

desde aquel día
del puntapiés
existe un abandono
de amor y de banderas.

Están en los altillos
recluidas,
con los ojos plegados
y las bocas resecas.
Con la misma soledad
de una azucena en el desierto,
están condenadas
a la ausencia.
Ya no estalla en las ventanas
el gozoso proyectil
de las banderas.

11 de septiembre de 1986

# AQUEL ONCE

Dos torres paralelas,
dos dientes de caimanes,
dos patas de flamenco,
dos mástiles,
dos escuálidas banderas
dos bayonetas caladas
con sus cuchillas abiertas,
se enfilaron aquel once
para enrejar la sepultura
de la resurrección
de todas las muertes
que enmarcaron
esa fecha.

Los cuatro generales
agarraron
las cuatro puntas del sudario,
enlataron la resistencia
agonizante
y arrojaron
esos fardos a las brasas
de los ríos
y al volcán inocente
del mar celeste de Valparaíso.

El once aquel
erigió su guillotina
de ranuras paralelas
y dejó que la cuchilla
cayera.
En los cestos
están vivas las cabezas

para que los hijos
y los nietos
reconozcan el tatuaje
y no olviden de gritar
la denuncia
de la herida abierta.

La justicia de Dios
es intranzable.
Llega siempre,
aunque nuestros rigores
la vean
demasiado tarde.
Después de la noche
viene siempre una aurora
delirante y terca.
El once aquel
tendrá algún día
su respuesta.

11 de septiembre de 1987

# ESPERANZA

No se escucha aún
en los relojes
la hora amordazada,
la hora
en que las manos
querrán vestirse
con el guante de la espera,
aquella en que surgirán
de nuevo
los colores
para mojar de alegría
las calles, los barcos,
los tranvías, los ojos,
la sangre
y el vaso de la fiesta.

No se visten de azul
los campanarios,
ni de rojo
el corazón de las cerezas;
los muros ya no tienen
su capa blanca
de jazmines;
y los niños no nacieron
mirando el volantín
de aquella estrella.
El sol mismo
en la mitad del cielo
ya no sube por mi brazo
enarbolando su bandera.

No importa
que los días pasen
sin que los trenes
se detengan a alivianarnos
de esa ausencia,
porque tendremos la mirada alerta
que es la única razón
de los que esperan.

4 de septiembre de 1985

# NO PUEDE LLOVER

Ya nadie se atreve
a tantear sin sonrojarse
la piel de esa canción,
la de los votos y el asilo,
esa sombrilla
en que siempre nuestra alegría
tenía su escondite:
ese estandarte
y esa venda
para los triunfos y los días tristes.
Ya no puede llover
sobre mi boca y en tu boca
la miel y el agua
de tu «Puro Chile».

10 de septiembre de 1986

## YA NADIE QUIERE

Los cuervos violaron
con sus trompetas
de patriotismo monopolizado
esa palabra
que era el himno
de las bodas
de Chile con su gente
y su pasado.
Ya nadie quiere
recostarse con ella
y ocupar la misma almohada.
Ya nadie quiere cantar
lo que cantaba.

17 de septiembre de 1987

# LA CANCIÓN HERIDA

¡Pobre canción herida!
Gotera desmayada.
Hoja rota de girasol
sin soles,
eres apenas
una herida en mi voz
que dice nada.
¡Pobre de ti,
canción de nuestra infancia!
No llores tu tragedia.
Un día
serás de nuevo
el evangelio que repique
con su rebelde martillo
en nuestras plazas.

17 de septiembre de 1987

# A LAS DIEZ DE LA MAÑANA

Las diez de la mañana
cuando el sol
aletea en los balcones.
Las diez de la mañana
en la fila
pasa la larga espera
de los ilusos
que creen encontrar
un sitio en la belleza.

Las diez de la mañana.
Faltan quince minutos
para el bostezo de la puerta.
Hay caras cimarreras
de niños y muchachas
en los jardines del Santa Lucía
mientras gente como yo
nos consumimos en la espera.
Las diez de la mañana.

En Agustinas, los taxis
vestidos de negro y amarillo
navegan
buscando entre nosotros
la clientela
y en una fila trasnochada
seguimos esperando
a las diez de la mañana.

El Teatro allá en su esquina
siempre vestido
con sus delantales blancos,

aguarda a los que sufren
la fiebre del oído
con la indiferencia
de un pachá de Cachemira.
Varada
hay una cuadra de beatos
de la música
que continuamos esperando
a las diez de la mañana.

Sólo queremos un papel,
un paso hacia adelante
que nos asegure un sitio
algunas veces en el año
en el ruedo del ensueño.
Podemos pagar.
¡Qué grande hazaña!
Otros no lo sueñan, ni imaginan,
ni lo saben, ni sospechan.
Están en otro viaje, en otra espera
a las diez de la mañana.

Las diez de la mañana.
La puerta se abre.
Hay un respiro colectivo
de ciervos o elefantes
sordomudos.
Por fin llegó la hora segura
de asegurar la entrada,
con el pago del seguro.
Pero, detrás de la vitrina opaca
sólo existe un ronroneo:
"Lo siento, caballero,
ya no hay lugar.
Regrese, por si acaso,

más a tiempo,
el próximo año,
a las diez de la mañana.

26 de diciembre de 1987

## FORMULARIO

Todo se muda.
No hay remedio.
No te extrañes.
Es la moneda
con que pagan sus impuestos
las auroras insolentes
a las tardes.

19 de agosto de 1985

# LA PEDRADA

Ya no hay pendones
que salgan al camino,
ni condecoren de canto
los hombros de las calles.
Ya no rompen
la ola de su sombra,
no resuellan,
no se prenden al tallo del mástil
igual que la carne al esqueleto.
No hacen señas, no discuten,
no se traban
en batallas de amores
con el viento.
Los tres colores
y la estrella,
con la pedrada aquella
en medio de la frente,
están muriendo.

19 de septiembre de 1992

# LLEGARÁ

Llegará ese día,
llegará.
Entonces,
miraremos otra vez
los horizontes esperando,
creyendo,
amando,
entibiando la vida
con el mismo fuego
verde y mojado
de la primavera.

Volveremos a ser
lo que ayer fuimos:
un pueblo niño caminante
que juega
a bordar flores en los manteles
recién lavados
de esta bendita torturada tierra.

Ese día llegará,
llegará ese día
en que el vino y las gentes
reirán como locos
y abrirán sus postigos
nuevamente,
para que vengan
todos a mirar
cómo hemos podido
sacudir el tormento
y transformarlo
en fiesta.

Por fortuna
la vida no está quieta;
no sólo camina:
corre y vuela.

28 de junio de 1983

# EXILIO

# EXTRANJERO SOY

Dicen que los viajeros
que parten
tienen abierto un cielo
en cada paradero de su viaje.
Mi experiencia caminante
fue distinta,
cuando dejé solitaria
mi alquería,
en aquel martes de abril.
Encaramado en esa pradera
de pañuelos voladores
que siempre auguran
feliz retorno a los viajeros,
partí.
Partí pensando
en el día coronado
del regreso.

Pasaron muchos trenes y relojes
y siempre,
en cada paisaje en que me siento,
soy un extraño navegante
que vino
y partirá de nuevo.
Así llegan,
oliendo a pesadumbre, los inviernos.
Desde apenas la primera hora
de la ausencia
me desangra el regreso:
me ahoga la frente
y todo el círculo del pecho
el ansia de tocar
y saludar de nuevo

a las gentes,
a las plazas
y el mercado
que fueron mi substancia y paladeo.

No puedo escaparme
de esas cosas
que allá salían a mi paso,
a cada instante,
para hablarme.
Con mis ojos
les decía, entonces,
mi alegría de palparlas;
con mi sombra
pasaba por su lado
acariciándolas.

Aunque no haya sábanas,
ni mantas de colores,
ni pan en la cocina
prefiero la casa de los míos.
Aunque me ofrezcan
a cambio,
en otras calles
el zumbido de otras puertas
y el latido
de otras sangres,
me place más
ser gota apenas
en el arrollo de mi barrio
que río o mar
en los paisajes extranjeros.
Allí no soy el mismo.
sospecho que estoy muerto.

Ginebra, 21 de abril de 1980.

## MI SOLEDAD

Me agarró la soledad
por las solapas
y sacudió, sin pésame,
toda la jurisdicción
de mis tendones,
desde los pies
hasta la espalda.
Así castiga con su estoque
el viento a las banderas
cautivas en sus astas.

Solo, con mi resuello
y con mi sombra,
apenas
me atrevo a imaginar
que me hallo solo.
Soy una piedra sin musgo,
un árbol sin ramaje
de pájaros volando,
un grifo sin agua,
una arrugada cuartilla
en que nadie escribió
un adiós esta mañana.

Ahora comienzo a penetrar
en el hambre
de la gente sola
a quien estafé mi compañía.
La añoranza de los abuelos;
los zagales amantes del suicidio;
la derrota de los célibes.
La soledad y los desiertos

jamás me dejaron conmovido:
sólo conocía su existencia
por el cine de mi barrio,
las revistas y los libros.

Aunque aparezca
mucha gente
en mi deshabitada
superficie,
mi pulso es un atrio
de silencio.
Estoy solo.
Mi armario está vacío:
sin trajes, sin zapatos,
sin libros, sin deseos.
Estoy solo
en mi soledad,
lo mismo que los muertos.

Ginebra, 11 de julio de 1980

# PENA ENTERRADA QUE TE CUENTO

I.

Porque, a diario,
me obsesionan dos palabras,
dos gotas de sangre,
dos cuajos
de plomo derretido,
dos golpes quemante
de martillo.
Porque esas dos palabras
me repiten su galope
y con sus lenguas
verdes
están lamiendo
mi cuello y mis oídos.
Porque ellas
me persiguen, me retumban,
me escupen su cuchillo
me carcomen, me enceguecen
y, sin querer, las vivo.
¡Ay!
Son esas dos...
son esas dos palabras...
son esas dos palabras solas
que enroscan sus serpientes
al volcán de mi alarido,
«¿Hasta cuándo?»
«¿Hasta cuándo?»
¿Hasta cuándo durará, Dios mío?
¿Cómo saber
si tendremos que aguardar
a que nos desmiguen
la memoria,

nos clausuren
el tatuaje humano
que nació con la vida
a recibirnos,
o alargarán su masticada
hasta el pináculo del siglo?
Porque estoy solo y con todos,
soportando este suplicio,
esta pena enterrada
sin gritar, te grito.
Por eso,
cuando recibas esta carta,
no estaré contigo.

## 2.

Porque siempre
tomé el rumbo
de almacenar palabras
y compartirlas
con todo el hemisferio
de mi barrio,
y, ahora,
de todos desconfío.
Porque siempre
cualquier obligado silencio
me quemó la lengua
desde niño.
Porque siempre
quise que mis manos
estuvieran limpias
y desnudas,
apenas empuñando
el follaje perfumado del olivo.
Porque siempre
preferí

que el cuaderno de mi llanura
atardeciera
haciendo malabares libres
con las letras,
e inventé
bandadas de papel picado
sin temor
que escoba alguna las barriera.
Porque quiero correr,
y tengo grillos
anclados en mis piernas;
volar,
y los resortes de las alas
descoyuntados, no despiertan;
reír,
y aquel gozo
que me crecía con los años
cerró su violín en mi molino.
Porque, ahora,
vivimos contrahechos,
asfixiados, sin colores,
sin derecho a decir «no»,
y apenas sin latidos,
por eso,
cuando recibas esta carta,
no estaré contigo.

## 3.

Porque no fue sencillo
escaparme del entierro
y continuar mi oficio;
aquel que ejercí,
con amor apresurado
de raíz, hoja y rocío,
desde que fui camino.

Porque me urgieron
a convertirme, sin dilema,
en mercader
del canto.
Porque yo soñaba
con tejer una alfombra
de tórtolas y mirlos,
y ya no puedo hacerlo
con el hilván
del aire quebradizo
que apenas me dejaron
en castigo.
Porque me exigieron
escuchar a Beethoven,
a Mozart y a Stravinsky,
haciendo repugnantes reverencias
a los fusiles
a la entrada
del proscenio acuartelado,
para pagar mi derecho
a besar la primavera.
Porque un hongo diabólico
invade mis pulmones
cuando quiero gritar,
hablar, cantar,
callar, protestar,
preguntar, investigar,
demandar, afirmar,
delatar
lo que yo he visto.
Porque hay tercas tenazas
que descuartizan
mis juegos más sencillos,
y me están convirtiendo
en la pared sin parir
de un edificio:

por eso,
cuando recibas esta carta,
no estaré contigo.


**4.**
Porque sentí que
la danza
magnolia de oro,
el sonido
luna submarina,
la voz
relámpago,
el pincel
enredadera,
el teatro
parto de la sangre,
el cuento
silbido de la esquina,
la poesía
copa de estrellas,
la música
lluvia limpia,
ya no eran transparencias vivas,
ni libres playas para tentar
con su manzana compartida.
Porque he visto
las palabras manirrotas,
vestidas con antojos nuevos
cada día;
obligadas a mentir y a doblegar
la pura terquedad de sus entrañas,
según la conveniencia
de quien maneja la baraja.
Porque palpé con mi oído
que la charla del café

se convirtió en un enrejado
de puntos suspensivos,
recodo de sospechas,
soslayo de la risa.
Porque solamente ayer
los ratos que vivimos
eran ya embrión de fantasías,
sigiloso arpón de la agudeza,
territorio delirante
de los relojes fugitivos,
y hoy tienen tatuaje
de tigre asustadizo
de jumento miope y sólo somos
barniz de lo que fuimos.
Por eso,
cuando recibas esta carta
no estaré contigo.

## 5.

Porque veo  los símbolos que amaba,
sin rubor, prostituidos, jorobados, lacios
de tanto urdir con ellos
sudarios sin sentido.
Porque veo las consignas
disfrazadas de dogmas,
lo incierto
con zarcillos de evidencia,
y con chaleco emplumado
de seguridad
el asedio y el registro.
Porque diviso en cada esquina
la esperanza asfixiada
en los ojos de los niños,
madurando sus astillas de odio,
intransigencias y delirios.

Porque me ahoga
la asquerosa ambigüedad
convertida en rutinaria merienda
de los pobres y los ricos.
Porque todo se acomoda
al barro y al destello,
sin asco y con alivio,
y todos justifican el hartazgo, la prebenda,
la intriga, el equipaje voluptuoso,
el lustre repentino,
y una prosperidad
de triquiñuelas y artificios.
Porque la moneda corriente
es la mesura,
el tacto ordeñador
y la presencia pertinaz
del desplome apocalíptico.
Porque aquel golpe
se engulló
la carnada y el anzuelo,
el pez y el pescador,
y nos dejó
en la médula del alma
una tendencia
al acatamiento inquisitivo.
Porque nos convencieron
que el consumo de lo inútil
es la píldora mejor
para el olvido.
Por eso
cuando recibas esta carta,
no estaré contigo.

## 6.

Porque estoy harto
de teletones, julios,
madrastras y colo-colos;
estrofas uniformadas,
festivales
con patente de estupidez,
algazaras alineadas,
aplausos y banderitas de papel.
Porque me agobia
sufrir el escalofrío
de los dientes y letreros
que vocean adulaciones,
canjeadas por el seguro
de un empleo vitalicio.
Porque me atragantan
los diálogos monologados
y los panegíricos,
atados a la extorsión
del ujier o la alcaldesa
que montan la operación
y anotan en sus libretas
el volumen del aplauso
y los vivas al caudillo.
Porque no puedo tolerar
al amigo de los amigos
de los amigos
de su alteza,
con su escapulario
de gerente
y su colosal camisa
de buzo galvanizado
con arrogantes desperdicios.
Porque son
ganados insoportables

esos embudos que caminan
como títeres prolijos,
para halagar
a coroneles, cadetes,
y ministros,
por una cáscara,
un escalón,
un aplauso,
una mirada
o un contrato lucrativo.
Por eso,
cuando recibas esta carta
no estaré contigo.


## 7.

Porque me aterra constatar
cómo expiran miles de cerebros,
secuestrados
dentro de contraseñas sin historia;
y me duele perturbar
los ojos tensos de las zagalas,
alimentados con centelleos
de galanes ambiguos.
Porque compruebo
cómo se quema la carne y la llama
de los naranjos jóvenes
con artificios,
promesas e imposturas
que les arquean la saeta y el destino.
Porque me resisto
a transigir
que las mujeres
se afanen aleladas
por momificar en salmuera
la paz nocturna

obligatoria;
y me repugna leer
en la ortografía de las manos
de todos los hombres,
el malvado signo
de castradas resignaciones.
Porque veo a los viejos
sin audacia alguna,
con el alma atada
y con los ojos fijos,
antes de morir
ya muertos;
ellos que conocieron
el balanceo de todos los oficios,
de las semillas, de las campanas,
de los amores y de los olvidos.
Porque veo a todo mi país
capitulando ante el miedo,
con el rostro náufrago
y de inseguridad herido.
Porque en la hielera
está hipotecada la sonrisa,
y la puerta ahora
esta cerrada al forastero
y al que pide auxilio.
Por eso,
cuando recibas esta carta,
no estaré contigo.

8.

Porque veo
que doctores iletrados,
con viseras
encrespadas de galones
manejan la Universidad

con gritos, guardias, soplones,
sospechas, censuras
y una enorme tijera
para cortar cualquier intento
de pedir auxilio.
Porque veo como la estrujan,
la manosean, la envilecen,
la convierten en jaula
de metal tupido,
para que no entren, ni se escapen
las ideas y los artificios
que pongan sus birretes
en peligro.
Porque su silbato vertical
acribilla
toda disputa
acerca de la verdad
y sus caminos,
y profana las sagradas hostias
de las hojas abiertas de los libros.
Porque veo, impotente,
que los sabios
- buceadores del acertijo -
son lanzados a los retretes
humillados, y obligados
a descargar cebollas,
a manejar taxis,
a vender en las tiendas
calcetines y tornillos,
para merecer
la cena de su noche,
porque ya no valen
su lámpara
sus matraces,
sus años consumidos.
Porque nadie se atreve

a lanzar su venablo
para defender lo que resta
de esta rosa y su rocío.
Por eso,
cuando recibas esta carta,
no estaré contigo.

## 9.

Porque todo mi poblado
esta partido
en dos torrentes de rencores, repudios
y agujas oxidadas,
incapaces de anudar
el mas fácil ovillo.
Porque se pudren los colores
en el callamperío,
y solo nos acordamos
que la gente existe,
cuando se las arranca
de sus ataúdes vivos,
se las desnuda en medio de la calle,
y se escruta
en sus más confidenciales
escondrijos,
inquiriendo si maquinan
una conspiración con las estrellas
o con sus muertos desaparecidos.
Porque se ensañan
con la resaca de los suburbios,
por el hecho sólo de ser pobres,
indefensos y sin pariente conocido.
Porque
noche a noche,
manos limosneras
me agarran las solapas,

me tienden los jirones
de sus hambres
y no me dejan un solo respiro.
Porque veo cada puerta taponada
con ojos pordioseros,
mientras los especuladores
de esta guerra,
remiten sus hastíos enguantados
a los bancos suizos.
Porque me duele la ansiedad
escarbando en las entrañas
de los tarros basureros,
y la desesperanza
trepada a los autobuses
para llenar de ilusiones
y coplas sus pasillos.
Por eso,
cuando recibas esta carta,
no estaré contigo.

## 10.

Porque los aurigas
que guiaron en otros lances
la ganadería,
se entontecieron
con el artillado puñetazo
que les hundió la crisma
y les dejó el mentón anquilosado.
Porque ellos imaginan
que nunca existieron
los años que el almanaque
dejó entre los residuos
de sus alcantarillas.
Porque continúan
en sus túneles políticos

sacudiéndose la culpa
de haberse aclimatado
al manotón descomedido
que les dejó aferrados a la hilacha
con que zurcían
sus apolillados calzoncillos.
Porque no quieren
rendirse a la evidencia
de que hay un orificio
en su canoa
que el capitán, tozudo,
se encarga de ensanchar
hasta hacerlas perder
el equilibrio.
Porque mientras se entretienen
encumbrando sus propios volantines
y discuten si el supremo comandante
estará en su sano juicio,
él revuelve los naipes,
destituye y repone en la pista
los alfiles y peones,
y manipula las marionetas
a su propio estilo.
Lo seguirá haciendo,
hasta que pierda
la razón o el pasaporte,
y con su muerte
- ¿cuándo será, Dios mío? -
termine la función
de este monstruoso circo.
Por eso,
cuando recibas esta carta,
no estaré contigo.

**II.**

Porque los jueces
enhebran la aguja a tientas;
y sus silbidos
apenas logran perturbar el jaleo
de los cortesanos aturdidos.
Porque enfardan con lepra
a la justicia,
y la meten al taller
a barrenar palomas
y a estampar dulzuras
en el fusil de los cernícalos.
Porque, en su espada
de papel plateado,
envuelven reverencias, escrúpulos,
excusas, tabletas de prudencia
y jarabes de soslayo en botellas.
Porque veo
que no pueden levantar sus dedos,
suspirando, las manos cercenadas,
los ataúdes, las antorchas vivas,
y las viudas de los degollados.
Porque atónito deliro
al ver cómo agonizan
y mueren y se esfuman
centenares de jazmines vivos,
sin jueces, ni abogados,
sin responsables, ni testigos.
Porque las mujeres,
por años negros,
reclaman a sus hombres
y a sus hijos,
y se pierde su llanto
en fogones mutilados de ladrillo.
Porque siento

que nadie está seguro en sus zapatos,
ni en los muros de su casa,
ni en su calle, ni en su templo;
ni al regreso de su viaje;
ni en la fiesta de sus bodas;
ni en la cuna
del vientre de su madre;
ni en la puerta de la escuela;
ni en el minuto más sencillo
de su propio entierro;
ni en la búsqueda final de su destino.
Por eso,
cuando recibas esta carta,
no estaré contigo.

## 12.

Porque me aterra
que en mi patria pobre
se enarbolen glotonas catedrales
al santísimo dinero,
mientras sus templos vivos
no tienen ni siquiera sombra
donde echar sus huesos.
Porque los hospitales
ya no atesoran manos, ni latidos,
camas para morir,
sábanas para nacer, vendajes,
atónita sangre,
y besos para los gemidos.
Porque las fábricas
despiden humaredas de cesantía,
de mordazas, de huelgas sin ventura:
chubascos de impaciente
paciencia contenida.
Porque el hilillo del jornal fortuito

destila entre los dedos,
sin salpicar, siquiera,
la rabia de las hambres
en los vientres inactivos.
Porque los barrios que fueron bastión
de la guapeza
bajan la guardia ahora
y beben el viento envenenado,
y porque todos
se sientan a la puerta,
sin número y sin nombre,
y sin dueño conocido,
para mirar cómo el sol
pierde su brillo,
como pierden ellos mismos
su dignidad y su respeto,
hasta quedar vacíos.
Porque solo algunas iglesias
encienden sus campanas
de esmeralda escrupulosa,
y alertan, y refugian, y defienden
con su aurora al agredido;
y solas sudan sangre
como el solitario
del jardín de los olivos.
Por eso,
cuando recibas esta carta,
no estaré contigo.

## 13.

Porque me sucede ambicionar
que todos esos hijos
que, a centenares,
se arrimaron a mi atril
en estos años,

irrumpan en la aventura
de ser descabellados
como yo trato de arriesgarme
en este paso.
Porque los veo
pájaros sin alas,
trenes sin distancias,
muros sin ventanas,
manos sin semillas,
cerebros sin ensueños,
pasos sin caminos,
viejos siendo niños.
Porque los siento
sin deseos de asir el timón
del hallazgo y la epopeya.
Porque veo
que se contentan
con el amor de un día,
el sexo regalado,
la sonrisa adormecida.
Porque son incapaces
de encaramar la mano remolona,
para alcanzar el hacha
y amolar su filo.
Porque sé
que no es su culpa
encallar
en este truculento hospicio;
sino la rúbrica
con que flageló su espalda
la navaja
del paraíso descalabrado
en que vivimos.
Por eso,
cuando recibas esta carta,
no estaré contigo.

**14.**

Porque los años
enmohecieron mis arterias;
y mis rodillas ya no saben
hacer genuflexiones.
Porque aún puedo
saltar las vallas,
y correr cien metros,
y lanzar la jabalina
y atravesar de orilla a orilla,
aquel estero.
Porque soy capaz
de sonrojarme
y sacudirme
y asombrarme
y aún abrir un libro.
Porque no acepto
perder con mano ociosa,
las últimas vendimias
de mi estío;
y no admito
que comience a disgregarse
la granada
de mi enjuta madera,
y mi aserradero se quede,
de pronto, paralítico.
Porque compruebo
cómo se está desplomando
mi castillo,
y capitulan mis bodegas,
y se congelan mis pozos,
y mis cestos
se repletan de noches.
Porque retrocede riguroso
mi tiempo disponible,

y calla la insolencia
de mi idioma,
se desgranan mis racimos,
y mi espejo me devuelve
un rostro apenas conocido.
Porque veo evaporarse mi abrazo,
y, un día, me descubro
cabalgando en un péndulo inmóvil,
resignado a que la garza galoneada
paralice mis latidos.
Por eso,
cuando recibas esta carta,
no estaré contigo.

## 15.

Regresaré algún día,
como la ola al océano
y la cigarra al zumbido.
Regresaré
como esos pájaros
que inflan sus pantuflas
para seguir la pista
de su nido;
y no descansan,
mientras huelen
que aún les sobra
un pedazo de camino.
No sé si este regreso
será
dentro de cuatro días,
dentro de cuatro semanas,
dentro de cuatro meses,
dentro de cuatro años,
o dentro de cuatro tablas.
Si así fuera,

quiero que esas tablas
sean blancas,
azules o amarillas,
en donde los niños
pinten flores,
y escriban su recado
de hierba recién lavada,
mis amigos.
Allí quiero quedarme:
con el color
de los bosques, de los corales,
de los milagros, de las cosas simples,
de las medallas de latón,
de la alfalfa y de los trigos,
de las sandalias caminantes,
de los guantes de lana,
de los hechos mansos,
de la aceituna,
de la esperanza
y de la espuma celeste de los vinos.
Por eso,
cuando recibas esta carta,
no estaré contigo.

## 16.

No sé si el azar
que estoy cogiendo a ramalazos
será fácil o enemigo.
Ignoro
si será una dinamita
el arañazo de este aturdimiento,
o si podré celebrar
con banderines, la salida
de este huracanado laberinto.
No sé, si lo que busco

y lo que dejo son o no son
las mismas piedras,
con otros estucos o artificios.
Solo sé
que quiero exponerme,
desnudo y sin tretas,
atado al mástil
de un nuevo amanecer,
sin techos y sin vidrios;
que busco otro velamen,
sin banderas definidas,
sin capitanes, sin marineros,
con un timón sin optimismos,
porque, para mí, se desangró la brújula
de este fúnebre navío.
Si puedo servirte, no vaciles:
estaré con mi linterna
columpiando la apuesta
en favor tuyo, hasta escuchar
la llamada de tu boca
en la otra tierra que elegí
como fogón de mi destino.
Para que no me olvides;
para que sigas a distancia,
esta pena enterrada que te cuento.
Te servirá de fiador
y de testigo.
Porque se
que no te compran,
ni te vendes, ni lo harás,
amurallado o indefenso,
este recado en tu regazo escribo.
Por eso,
cuando recibas esta carta,
no estaré contigo.

**17.**

Si trajinas cerca
con tu locomotora,
tu red,
o tu río ancho,
detén tu merodeo
en mi cancela,
y deja tu señal, tu palabra,
tu nombre, tu ademán
o tu aliento azul marino.
No faltará
levadura y harina
para amasar el pan
en el faldeo de mi mesa,
ni agua recostada
de llantén y de matico,
para el agravio
de tus pies heridos.
Si tienes algún tiempo,
escríbeme,
aunque sea
un desgarbado telegrama.
Ya sabes donde.
Se llenará mi reloj
con tus ausencias abolidas,
con tu peso invisible,
con tu tiempo y tu canto
interrumpidos.
También puedes,
si puedes,
usar el ancla del teléfono
y hablarme,
mientras el humo de tu barco
sube al muelle
de lo desconocido.

Al menos, así, podré escucharte
de nuevo, cualquier día,
si Dios quiere,
y si hasta ese día,
resistimos.
Hasta pronto.
Adiós.
Por eso,
cuando recibas esta carta,
no estaré contigo.

Ginebra, 5 de octubre de 1981

## DE LAS DESPEDIDAS

Hay despedidas
que renacen de sus brasas,
y adioses sin regresos.
Eclipses de mil cosas
que no miramos ya
y que miraremos:
la jarra de vino, el tenedor,
la rosa, el guiño del florero,
la puerta abriendo y cerrando
tus pisadas,
el candil
con su adiós al apagarse
y su regreso,
al menor chasquido
del fósforo
escapado de su celda.

Se despiden consumados
los amantes,
asegurando encontrarse
nuevamente en la centella.
No saben,
o saben a sabiendas
que otro amor acechante
está dispuesto a derramar
su dado veleidoso,
y cambiar el telón
con una simple voltereta.
Es tan fácil
empañar el vidrio azul
de lo que fue
y nunca más regresa.

Conozco despedidas
que se repiten inmutables:
El adiós del día
en cada tarde
para volver a encapricharse
con el alba.
El gesto de partida
de la pestaña
a la pupila,
para regresar al instante
a bajar
la afanosa celosía.

Conozco
la testaruda
despedida del océano
a la roca
y a la dulce playa,
jugando a vocear
halagos y combates
en el borde de sus pechos
y en su falda.
También conozco
el adiós redundante
del labio a la palabra
para abrir un pasadizo
a la impaciencia
de la canción
al germinarse.

Todo precisa
un adiós
largo o discreto
indulgente o agreste,
de diamante o vidrio.

Salvo uno solo.
Desde el día
en que nacimos,
nadie
agitó la mano
del adiós
para si mismo.


Ginebra, 14 de febrero de 1982

## MIS DENUNCIAS

Hoy quiero denunciarme
y reprenderme.
Decir cómo me veo
y no cómo me ven.
No pienso
que se laven mis sandalias
por el hecho solo
de escaparme de mi armario.
Pero, quizá, de esta manera
podría comenzar a subir
la transparencia
por mi piel.

Cuántas veces
debí hablar
y enmudecí.
Extender mi mano,
y la empuñé.
Descubrir,
y cegué el postigo.
Exponerme,
y deserté.
Avanzar,
y me apoltroné.
Recordar,
y relegué.
Percibir el llamado
y no acudí.

Ayer tarde, me pidieron
y expropié.
Me buscaron

y pretexté.
Me sirvieron
y no correspondí.
Me embaucaron,
y me entregué.
Me hicieron cómplice,
y acepté.
Me alagaron,
y me convencí.
Me asieron el bolsillo,
y, por supuesto,
protesté.

Algunos
me invitaron a ser justo,
y acobardé.
A buscar la verdad,
y la soslayé.
A compartir la belleza,
y la encubrí.
A creer,
y recelé.
A esparcir alegría,
y la vendí.
A abrir mi puerta
y la atranqué.
A encender mi lámpara,
y la escondí.

Entonces,
me propuse admirar,
y me admiré;
escuchar,
y me escuché;
compadecer,

y me compadecí.
Proteger,
y me protegí.
Perdonar,
y me perdoné.
Aplaudir,
y me aplaudí.
Amar,
y me amé.

Ahora, arrepentido,
quisiera:
hablar,
mirar,
exponerme,
avanzar,
recordar,
acudir,
agradecer.
También:
dar,
cavilar,
compartir,
defender,
buscar,
creer,
esparcir,
abrir,
encender
y, realmente,
amar.

Porque eres
mi amigo y camarada
ayúdame

a pesar mis confidencias.
Cuando yo me vaya
quisiera dejar
una herencia decente
en esta tierra.
Porque estoy contigo
admirando la verdad,
ven.
Dame tu mano amiga,
y enciende mi linterna.
No sé ahora
con que recompensarte.
Por eso no te duelas.

25 de diciembre de 1982

# DICES QUE REGRESAS

Me dices que regresas
en abril,
cuando allá
la primavera cante,
y aquí el otoño
deshoje sus sortijas
en el parque.

Te estaré aguardando
con la puerta impaciente
por abrir su proa
para que entres,
extiendas tu mantón de poesía
y te sientes
en el sillón de siempre.
Es el sitial
que ocupan las reinas
en todos los idiomas
y los climas,
irreemplazablemente.

Entonces,
alisarás
la espuma de la alfombra
que preparé
con mis deseos
de diez años sin rocío;
y entrarás a restaurar,
con sólo tu mirada,
las murallas rotas,
los vidrios desmemoriados
y el papel descolorido.

Se llenará
con tu cara y con tus dedos
la garganta de mis balcones,
expulsando
las hiedras despeinadas,
mientras las flores
azules y amarillas
reventarán las jarras;
y el sol
se llenará de sol,
asaltando todas las persianas.
Todo,
para que sientas
al entrar que, nunca,
en ningún sitio de la tierra
hubo, ni habrá más amor
para ti, mujer,
que en esta casa.

Y subiremos al carrusel
de mi escalera
a dar vueltas abrazados,
con la alegría muda
del encuentro.
Y nuestras manos,
embriagadas de amor recuperado,
serán un torrente
encarcelado en una gota,
dos territorios fundidos
en una piedra sola,
un nido compacto
de arcilla, nervios,
piel y sangre:
una dicha que se fue
y retorna.

Y maniatado,
como en otro tiempo,
descansará el amor
enfermo de distancias.
Y los dos,
diciendo sin decir,
con las pupilas sin párpados
cerradas,
nos quedaremos
en la luz
que da la sombra,
con las cabezas juntas
en la almohada.

Me dices que regresas
en abril.
Desde hoy mismo
pondré la guardia
en la ventana
a mi deseo con la aurora,
midiendo cada paso,
mirando lado a lado,
hasta que llegue
la humedad de tu alborada.
No me dejes,
navío, en mi islote abandonado,
por más abriles
esperando tu llegada.

4 de febrero de 1985
a Chita

## FALTA UN SITIO

Nos hace falta un sitio
para hablarnos,
donde azules y rojos y amarillos
se encuentren
como parte de lo blanco.
Un sitio
donde todos gocen confrontando
el boceto de sus vidas,
donde todos se miren a los ojos
sin asaltos.
Un sitio
donde todos beban
del mismo vino esponjoso y circulante
en la flor de cristal
del mismo vaso.

Nos hace falta un sitio
para alentar el vuelo
de las recuperadas raíces
de las alas.
Un sitio en donde,
con los pies resueltos,
ayudemos entre todos
a cambiar el sistema
de este juego despiadado
que nos urge a la victoria
aunque sea destruyendo
al adversario.

Nos hace falta un sitio
con muchas escaleras
para subir peldaño por peldaño,

y crecer y crecer
hasta alcanzar la nube
que siempre imaginamos,
aquella en donde
gavilanes y palomas
se besen
las frentes y las manos.

La alcoba de mi casa
es tan pequeña,
tan menuda, que apenas
cabe un pájaro cantando.
No la dejes vacía.
Sal a llamar,
por las calles y las plazas,
a todos los que buscan
un pez, una estrella,
una mirada,
para hartarse de alborozos
y abiertos comentarios.
Invítalos a compartir
del mismo pan, la misma sobra,
el mismo plato.
Las sillas están prontas
para todos los hombres
mis hermanos.

Que vengan los que temen,
los fugitivos, los desamparados,
los que dicen palabras
sacando solitarios.
Que vengan
los azules, los rojos y amarillos,
los sin camisa, y los uniformados.
Que vengan

los que quieren decir algo
y persiguen un oído sin candado.
Que vengan
los que ansían encontrar
un rostro abierto y disponible
para pactar un diálogo.

Que vengan
a arar bajo mi techo
cualquier día,
a cualquier hora,
todo el año,
lo mismo en el sollozo
que en verano.
En este sitio
de murallas blancas
donde habitan
los libres diccionarios,
estamos a la espera,
desde anoche,
con las manos abiertas
para hablarnos.


1985

# EN MEDIO DE LA NOCHE

Anoche
me fui por la Alameda arriba,
solo con mi música
y el atril de acero
entre mis manos.
También
él, como yo,
con el alma y el cuerpo
desarmados.

Me fundí con el Metro
y me arrojé a su estanque
repleto de peces sin escamas
y de gente sola.
En los carros azules
algunas ovejas trasquiladas
refugiaban el desencanto
de haber perdido
el vellón del amor
en cualquier plaza.

Fui uno de ellos.
También un solitario.
Con temor a lo incierto
me palpé los labios,
para probar si estaban abatidos
con la muda flojedad
de las banderas
que perdieron el vuelo gallardo
de su danza.
Igual que esos arcos sin saetas
derrotados, así estaban.

En la estación Baquedano
abandoné mi veloz armadura
y rehice mis hilachas
contándome los trancos.
Allí vi a un hombre
de cabeza blanca
remontando las escaleras
de dos en dos peldaños,
con la dócil destreza
del hondero
que encaja su flor de piedra
en la frente del relámpago.

Me fue imposible brincar
como tantas veces,
siempre,
con amor lo hiciera,
aquel amor que me azuzaba
hacia el encuentro diario
con la aurora,
esa que cocina
alfajores de miel
por dos centavos.
Había perdido mi destreza
porque la despedida
de nadie
me amarraba los pies
con su candado.

Emergí con fatiga de mi pozo,
como aquel animalejo de la fábula
que subía tres,
para desmontar dos metros,
y anduve y caminé,

y anduve sin pensar, casi,
hacia donde,
porque todas mis llamadas
encontraban
ocupados los teléfonos.

Por primera vez
no fui capaz siquiera
de imaginar
en qué lugar podría
cultivar mis álamos
de nuevo.
Era fatal que así ocurriera.
Estaba solo,
sin amigos,
sin gentes y sin nombre:
solo
con mi soledad
en medio de la noche.

11 de agosto de 1985

## MIS VENTAJAS

Ven conmigo a la sombra.
Ven.
Quiero contarte
los trajines y ventajas
que yo tengo.
¡Que pocos tienen
aquellas
que yo pruebo!

Mira.
Puedo cruzar
con un respiro apenas
de la tierra
a la playa,
cuando me apuran
los antojos
de viajar de nuevo.

Puedo dejar
veinte caras en la esquina
en esta noche,
y mañana,
al mirarme en el espejo,
hallar otras veinte
que me esperan.
También
puedo dejar
en manos nuevas
el alfil
que asaltará a la dama,
usando mi camisa
de músico y atleta.

Yo tengo la ventaja
de cerrar una puerta,
y abrir otra cancela,
con sólo hacer girar
la llave de un camino
para subir la cuesta.
Puedo
con rieles y durmientes
hacer una escalera,
para subir a la nube
o bajar a la tierra.

¿Quién puede
asir y dejar
la cúpula y la arena
y balancearse
en el espacio y en el tiempo
a su manera?
¿Qué prestidigitador,
mago, eremita o boticario
puede avivar
la llama del paisaje
con sólo conmutar
el reflector de la corniza
o desvestir en cada puerto
otra bandera?

Aunque parezca
galope de alazán equivocado
puedo hacerlo.
Con un golpe
liviano apenas de mi espuela,
cambio de dirección,
de historia y puerto,
me trago las distancias
sin hartarme,

y donde me da gana
permanezco.

Me dio la vida
tantas vidas,
para hacer, deshacer
y hacer de nuevo.
Hasta Dios
me subscribe una hipoteca
de inesperados
años nuevos.
¡Que fabuloso!
Pregunto,
y yo mismo me respondo.
Proyecto,
y, apenas doy un paso,
y está hecho.
Escribo
una novela alucinante
apenas sin esfuerzo.

Recibí en estos años
tantas tierras
para ararlas y amarlas
y aún me veo descontento.
Ven.
Ya te conté cómo se trenza
la dinamita de mis privilegios.
Los miro.
Me miro.
La verdad es que, al tocarlos,
yo mismo no me entiendo.

11 de agosto de 1985

# TERCERA TIENDA

Quiero amar.
Amar lo hermoso por lo que le falta
de hermosura;
lo horrendo por la hermosura escondida
que no soy capaz de adivinar.
Quiero amar el tormento de la gente sola,
porque hasta en el odio hay mas amor
que en las vidas solitarias.
Quiero enviar, atado a una paloma,
un telegrama urgente que te notifique:
«Cuenta conmigo, conmigo siempre;
estoy con los desarmados, los desalmados,
los desamados».
Quiero amar los buitres y los canarios,
el candado de mi puerta y el postigo,
el minuto venido y ocurrido,
y la horfandad de los hastiados.
También las cruces, los aplausos,

las ofensas y los incensarios.
Quiero amar lo imposible,
para probar si es verdadera o no
esta jactancia de mi amor:

# DEMENCIA

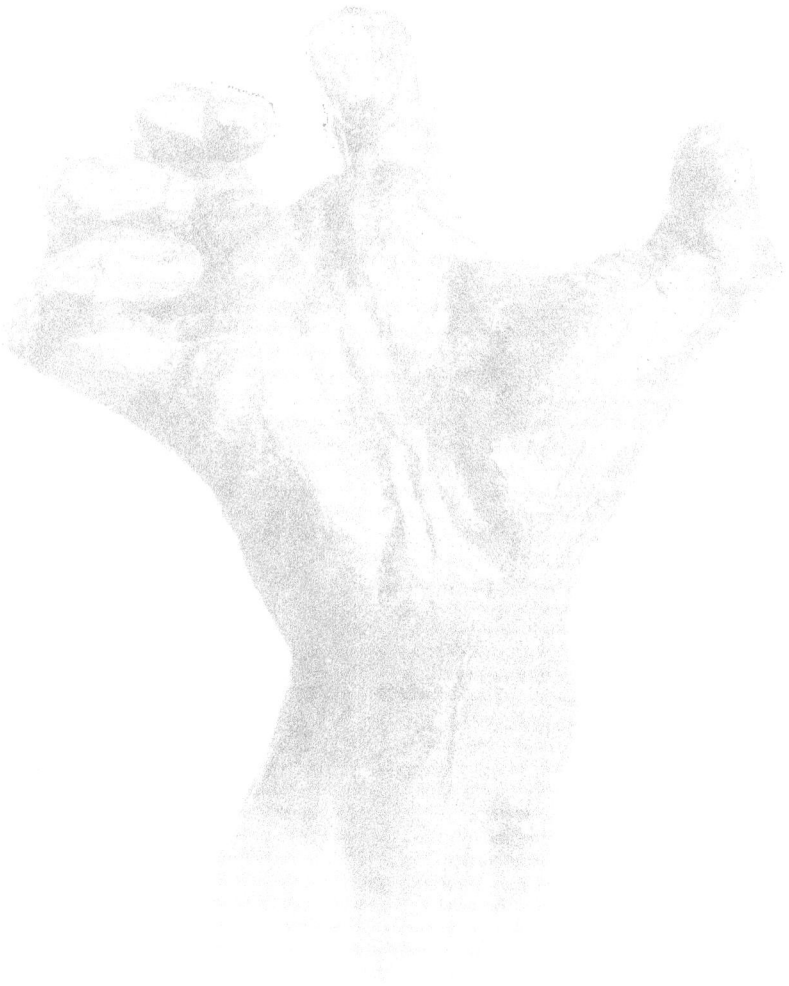

# ¡OH, LOS DEMENTES!

¡Oh la locura inteligente
de esas sílabas
que llegaron tardías
al convite
de la llama!

¡Oh la sabiduría
de los que tienen
un cerco de alambrada
y de otoño
en su ventana!

¡Oh esa llanura
sin principio
y sin fin que ya no canta,
con su rebozo
de la razón petrificada!

¡Oh, ese alquitrán
que sólo sabe acariciar
y descubrir el habla,
en el bullicioso silencio
de la nada!

¡Oh, los viajeros
que palpan y palpan,
sin palpar la vida,
al borde mismo
de la asimetría!

¡Oh, los dementes
con sus decretos sin palabras
que sin saberlo, suben
hasta esculpir latidos
y poemas en las nubes!

¡Oh, esos ingenieros
peritos en puentes
y frágiles columpios,
ellos podrán de lo trivial
hacer un nuevo mundo!

¡Oh, los que pueden redimir
a esta tierra sin colores
el perdido racimo
de sus manzanas rojas,
con la inocencia de su paraíso!

23 de agosto de 1985

# HOSPITAL

Creció,
creció, creció la llama
sumida en la arboleda
de hojas negras.
Semejantes a la muerte,
vivos,
emergieron los espectros de yeso
de su cubil,
sin dados ni barajas,
y con todas sus paredes
taponadas.

Son los Juanes,
Pedros, Margaritas
que ya no sienten
ni recuerdan
de qué color se viste la ternura.
Ratas lentas
en sus ratos lentos,
ni siquiera saben
como es la fragancia
de la duda,
porque viven
lo cierto de lo incierto,
papel vacío,
ausente de escrituras.

Son muebles
escapados del altillo,
sin cerrojos, sin aldabas,
sin bisagras y sin puertas.

Dialogan con su sombra
y escriben en el suspiro,
hora tras hora
una novela
que nunca leerán
los afuerinos.
Nunca,
   nunca,
      nunca,
         nunca.
¡Están en otro abismo!

24 de agosto de 1985

# EL ENCUENTRO

Esa mañana
penetramos en aquel escarabajo
sin memoria;
allí donde se oculta
a quienes caminan sin ir a ningún sitio;
allí donde se arresta
a gentes cenicientas
por razones que nunca entenderemos,
o que entendemos bien,
haciéndonos mejor
desentendidos.

Ojos, unos ojos cuadrados,
cuadrados,
oscilantes faluchos
sin marinería,
que nos miran sin mirarnos
porque perdieron
hace tiempo la brújula
de su confuso domicilio.
Pupilas
de cometas vagabundos
inspeccionan las comas
de sus propios libros
y sólo atinan a escalar
a tropezones
la noche de sus días,
buscando los jirones
de su ausente paraíso.
¡Ay, cómo nos miran!

También nosotros
tratamos de clavar

en ese crucigrama ciego
nuestro dardo.
Sospechamos
el rescoldo irresoluto
aferrándose al fogón.
Sin reponernos aún
del primer escalofrío,
contamos contagiarlos;
pero, ese muro
de la locura insobornable
nos clavó su agobio
de un hachazo.
¿Cómo amarrar y deshacer el nudo?
¿Qué podría acometer nuestro zigzag
frente al silencio
de esos atajos obstinados?

Entonces,
echamos a rodar nuestro molino
de cantos y guitarras.
Tensos de cortedad,
les hicimos zancadillas
con nuestro amor descalzo,
tratando de entender
la disputa
de ese cielo y ese infierno
por colarse e instalarse
en sus mercados.
Así nació el encuentro
de dos ríos:
uno caudaloso y joven;
el otro seco,
capitulando desnudo
ante el asalto.

Respondieron
al llamear de nuestras voces

con su cantar desmantelado;
y a la incitación de la guitarra
con la danza torpe
de sus miembros insurrectos.
Por sus pestañas
transpiraron el deseo de amar
con ese brillo
de los peces muertos
en las redes
que nunca volverán
al mar abierto.
Nadie sabía ahora
si los cuerdos eran locos
o los insanos, cuerdos.
La alianza
de la juventud y la tristeza
sellaba el manuscrito
con un beso.

Cuando se abrió la tarde
regresamos
a nuestro propio muro
de acontecimientos.
Era todo distinto.
Había en nosotros
algo asombroso y secreto.
Nuestra vana mocería revelaba
el texto de una consulta
y una respuesta en el pecho,
cuando vimos chispear
la copa de la esperanza
en el grano
de ese encuentro.

25 de agosto de 1985

# DEMENCIA

Rostros blancos,
ojos blancos,
pensamientos blancos,
corazones blancos,
vida, con los meses blancos,
detrás de muros
que a diario visten
delantales blancos.

Quisiera llenar de colores
esos blancos;
pero, es inútil.
Permanecen blancos,
aguardando que arribe
la de huesos blancos,
para cerrar sus libros
que nacieron blancos
o, de pronto,
blancos se quedaron.
Sólo resta
un cardumen blanco de cuartillas,
agobiadas de alfabetos
y de gritos blancos.

Las haciendas y potreros blancos,
con cisnes, ovejas,
palomas y caballos blancos
cierran con blancos candados
los portones
de sus cercados blancos.
Allí se enmarcan
los telares blancos

para la exposición
de ese museo en blanco,
abierto cada domingo blanco
a los visitantes de rituales blancos.
Esos pájaros blancos
entran y salen convencidos
que en nada se avecinan
a los prisioneros de lo blanco,
aunque vistan similares
guantes y sombreros blancos.

En este tribunal
de vidrios blancos
ya se ha juzgado,
con bondadoso veredicto en blanco,
a estos andamios
huérfanos y blancos
a quienes se clausura el nombre,
para ingresarlos
a la familia de los blancos.

Amortajados
en bufandas y gabanes blancos,
un guardia blanco
los entierra en blanco
bajo una lápida
con epitafios blancos.
Allí se escribe
el día blanco en que partieron
en aviones blancos
los que sólo gozaron
ese blanco vacío
de lo blanco.

9 de septiembre de 1985

# EN PAREJAS

Los dementes y los niños
no manejan computadoras
y no sacan cuentas.
Son la virgen claridad
sin decimales
con que el agua
se recuesta con la tierra.

Solo en el manicomio
y en el jardín de los infantes
se siente que el sabor de la colmena
es miel sin plagios,
escamoteos, ni caretas.
Allí, a diario, el monosílabo
inaugura monumentos,
se quita la camisa
y con sus mangas,
parcha revelaciones y proverbios.

Hablan poco o dicen nada;
pero, ponen tal verdad
y convicción en cada gesto
que nos obligan a desbaratar
con escobas y plumeros,
con toallas y jabones
las telarañas que llevamos dentro.

Los dementes y los niños
cultivan la verdad y la alabanza
con palabras simples
y geografía sin sombrero.
Sólo saben llenar

tus cántaros vacíos,
cuando los llevas
hasta el pozo sin respuesta
del disparate
o la adivinanza del silencio.

En el manicomio y en las cunas
la sonrisa es el único teléfono
para dialogar con la esperanza
y el revoltijo del recuerdo.
No hay lugar en que se abra
con más ansia la corola
para encontrarse con la vida
y escuchar a brochazos sus secretos.

Cuando tu amor
extienda los rieles de su idioma,
allí responderá otro amor analfabeto,
con un respiro de su noche-aurora
y sus ventanales ávidos
de comenzar el vuelo.

13 de septiembre de 1985

# HOSPITAL PSIQUIÁTRICO

Todo el lastre de la noche,
de todas las noches,
se desplomó
sobre esos reflectores
cegándoles los ojos,
y los vistió con el súbito despeño
de los sarcófagos.

Caras turbias,
iguales,
iguales,
siempre iguales;
muescas vacías,
vacías,
vacías de proa,
esperan hace tiempo
les llegue la vendimia
con sus ramos de olivo
y su paloma.
No zurcieron aún
la rotura de sus medias,
ni poseen una partícula
de asombro en su escalera.

Allí están inmóviles,
inmóviles
en el vaivén
de sus butacas sin memoria,
respirando,
respirando, respirando apenas
el narcótico despoblado de amor
de su tristeza.

Allí supura esa grieta
de la costra humana,
tumba precoz
abierta.
Allí se extienden
los manteles pardos
para las gentes
de nombres tan usuales
como el centímetro en las leguas.

Allí arriban
esos ombligos solitarios
rendidos antes del combate,
porque nadie quiso
admitir su procedencia.
Allí
los combatientes con la niebla,
los veteranos que sólo gozan el salario
de la desconexión y el disparate.

Allí
los rostros
tallados en madera
para quienes
los domingos y los martes
son siempre hojas sin ojos
de un círculo cerrado
sin escape.

No se explican,
no pueden explicarse
aquello
que sienten circular
desde los pies hasta la cima

en la demolición de su cerebro
y en sus brazos.
Qué es aquello
que lo obliga
a martillar sus muslos
con la fatiga del péndulo,
marcando los minutos y las horas
sin haberlas digerido.

Allí
esperan,
esperan,
esperan la esperanza de morir
para nacer de nuevo,
con nombre, domicilio
y grandes alas,
y encaramarse
en un carro de plumaje y fuego,
para el debate
en competencia  de alto vuelo
con las águilas.

9 de octubre de 1985

# MIS CONSULTAS

## I. LA MENTIRA

Señor psiquiatra,
según dicen, equilibrista
en las cavernas de lo incierto,
escuche mis confesiones,
arránqueme estas espinas,
bufanda con gusto a fuego.
Mi caso es éste,
tan complicado
y tan simple
como es simple resbalar
en un simple pavimento.

Mi vida
es callar mintiendo
con todas mis palabras
o mis decires a medias,
cuando vienen las gentes
a tocar mi puerta
con su cardumen de cuentos.
Confiesan escaramuzas
con globos y con cangrejos,
con hélices y collares,
con una luna tan dulce
como Adela o Margarita,
y un almacén en que venden
soles de acero en el pueblo.

¡Cómo inventan enormidades!
Que los papagayos balan,
que una rosa borracha

bajo el parrón está ardiendo,
que un río descarado
renunció a la geografía,
y que es preciso al instante
fusilar sin miramiento
a los torturadores
de la hermana poesía.

Abro mi confesonario
a su absurdo laberinto,
sin resolverme a romper
esos cándidos hechizos,
y sonrío bobalicón
sin esfuerzo
ante el puzle iluminado
de sus atrevimientos.
Escucho y, sin saberlo,
o sabiéndolo,
me sumo a sus enormidades
y, miserable, les miento.

Yo sé que no se puede
cubrir la tierra
con un velo de novia dichosa
por largo tiempo,
ni que jamás
los faroles de las plazas
serán las panaderías
para los niños hambrientos.
Yo sé que los peces
no vuelan con enaguas,
ni que las golondrinas
visten piyamas de invierno.

Sé que no existe tijera
que corte en retazos la nieve
para hacer una camisa
que a los pobres
pueda servir de repuesto.
Todo eso cuentan,
y miento.
Sin que noten mi mentira
prometo y digo que sí
que todo
hoy y mañana es y será
como dicen en su cuento.
Que si, que creo
en todas aquellas cosas
que me dicen
y no creo.

## 2. EL ARREPENTIMIENTO

Regreso a casa
con la mollera repleta
de pájaros hambrientos,
y me quedo dormido
con la inmensa pesadilla
de mentir un día entero
por no matar
la ilusión y la esperanza
en quienes están tratando
de inventar un mundo nuevo.
Me propongo ser distinto,
y, golpeándome el pecho,
riego mi almohada
con mi arrepentimiento.

Despierto por la mañana
dispuesto a fabricar verdades
para cantárselas
a quienes vengan
a compartir conmigo
la comezón
que llevan en el cuerpo.

Mientras el sol imprime
su anillo colorado
por el cristal abierto,
y la morada ciruela
del ventanal vecino
se allega hasta mi cama
a llenarme
la boca con su aliento,
me preparo
a resistir cualquier asedio.

Ya en la ducha, canto
a la verdad
increíble de mis sueños,
y, mientras con la toalla
desalojo el cansancio empapado,
me quedo como un niño
desnudo ante el espejo,
y me río de mí mismo,
de mis promesas
y mi arrepentimiento.

Repito el protocolo
de vestirme de hombre nuevo,
y, al nudo ritual de la corbata
añado un traicionero pensamiento.
Sería delirantemente hermoso

en este nuevo día,
repetir en mi naipe
el mismo juego,
coser ilógicos asombros,
y construir una torre de Babel
de tiempo en tiempo.

Confundir las palabras,
e hilvanar dientes hambrientos,
para hacer entre todos
el milagro de vernos
inventar idiomas,
caminos, quemaduras,
fotografías,
granadinas y decretos
y gozar con la tierra
hecha una niña,
vistiendo cada día
un traje nuevo.

Y regreso al consultorio,
convencido y resuelto
a escuchar agradecido,
y a continuar mintiendo.
Señor psiquiatra,
usted que adivina los secretos,
dígame si el árbol de mi almanaque
está vivo o está seco.

2 de noviembre de 1983

AMOR

# VIAJERO ALEGRE

Ahora
tengo una razón más
para vivir
y hartarme de vigilias,
dialogar
con imposibles
y convertir
las arenas en trigo
y con piedras moradas
fabricar las uvas.

Ahora,
desde ayer,
soy un viajero alegre,
porque supe,
en la escalera,
que mi poncho era plumaje
para tu brazo de azucena,
y mis pasos
podrían calcarse
en la quemadura de los tuyos,
y podríamos pensar,
hablar, escuchar y adivinar
la alegría
de estar juntos.

Ayer
aprendí también
que tu cabeza
podía descansar junto a la mía.
Supe, por fin,
que creías en mí

y en mi secreto adivinado:
que tú eres
y serás
la inagotable sombra
de mi asombro,
y el candil
que alumbrará mi tarde
cuando camine
solo.

No soy
viajero triste
ahora,
como lo fui en agosto;
sino
navegante venturoso
que zarpó ayer
y volverá mañana
para vivir de nuevo
en tu contorno.

Estoy mirando
como se abre hacia la dicha
la fruta vespertina
en tu ventana,
y me aprisiono a su marco,
entibiando mis respiros
y toda mi comarca.
Sucede
que estoy bebiendo
el sol mismo,
al mirarle amanecer
en tu mirada
con la pregunta del por qué
de lo que siento.

Soy un viajero alegre
que vengo
desde los cauces silvestres
a encontrarte
para seguirme contagiando
de sorpresas.
Busco en ti
las nuevas señales del amar,
de tu canto, y de mi canto;
de la miel, de los paraguas
y los astros.
Sólo es testigo
de mi alegría nueva
la escalera celosa
allá en el cerro,
tu palabra invisible,
y mi reloj sorprendido
incapaz de imaginar
una respuesta.

20 de noviembre de 1949
a Chita

# ¡AY AMOR!

Dichoso soy
porque te amo,
y mi dicha es mayor,
porque tu amor espero,
aunque no llegue.
La esperanza de encontrarte
un día
en el relámpago
de la corola en primavera,
es lo que hace
que tú seas en mi
dichoso arroyo, mi lluvia
y mi vertiente.
¡Ay, amor!
¿Cuándo vendrás
de nuevo,
con tu armadura
transparente,
a quemar el sueño
de la almendra
que llevo
entre los dientes?
¡Ay, amor!
No permitas
que se llene mi corazón
de nieve.

15 de septiembre de 1986
a Chita

# DOS MANOS EN LA MESA

Sobre la mesa
el pan navideño desmigado,
el jarro blanco,
el te y la servilleta,
y nosotros,
tratando de zurcir palabras,
entre sorbos y sorbos,
perturbados,
en la casita aquella,
medalla primorosa
de las hadas.

Hablamos de tu vida y de la mía,
de los años maduros
de nuestros padres
y de los mozos nuestros;
del peligroso engaño
de apagar el fuego con el fuego,
de anegar el agua con el agua,
y de irse sin irse
hasta el vaso sin fondo
de la fábula.
Lo que no podía decirte
se me leía en la prófuga mirada,
con que yo perseguía
encontrar en la tuya
las respuestas emboscadas
que, por meses,
mi ternura,
como la flor al rocío,
reclamaba.

Bajé los párpados y me vendé
la cara con las manos:
"¿Qué pasa?", me dijiste,
sin pensar, tal vez,
que las hiedras se encadenan
con desesperación
al terrón espeso de los muros,
sin recordar
que el destino de la tierra
es buscar en la lluvia
el único remedio
a su esperanza.

Súbitamente,
resolví decirte
lo que nunca saltó
el brocal de mi garganta,
por respeto, timidez o angustia,
por tino, recelo o artimañas.
Como la palabra
no surgiera a tiempo
de la turbada marea de mi ahogo,
extendí sobre la mesa
mis dos manos,
con las palmas mirándote,
y diciéndote el mensaje
a su manera,
porque, a veces,
las manos son palabras.
Hubo una pausa larga
con exceso de tiempo y de silencio.
Era la pausa
de dos gaviotas cansadas
en la arena, ya sin vuelo.

Entonces,
tus dos manos diminutas
recorrieron el páramo,
como si vinieran
del teclado de tu piano,
y se unieron a las mías,
alisando la piel,
rompiendo la frontera.
Sentí que tus dedos recorrían
la tristeza de los míos,
que tus manos cantaban
heridas en mis manos,
y arrastraban mi pena,
dejándola en la orilla.
Por fin,
sobre mi turbado amor
se quedaban
como dos tórtolas dormidas.

Así fue un rato.
¡Oh cielo abierto!
¡Oh ventana asoleada!
¡Oh viento que revive
en las campanas!
¡Cómo se revistieron
de gloria mis harapos!
Nada más.
Nos levantamos.
La mesa, el pan, el té,
las servilletas, el jarro y el mantel
allí quedaron,
mudos testigos,
con su firma, atestiguando.
Salimos a la calle
a mirar jardines, lentamente.

Sentí que sobre mi hombro
apoyabas tu brazo joven,
mientras llevabas bajo tu delantal
la seña del portento vivo,
y juntos nos fuimos
sin pensar en nada y en todo,
despacio... caminando.
No estaba solo.
Estaba la sombra de tus manos
en mis manos.

12 de enero de 1951
a Chita

# CONFIDENCIA

Te quiero
porque en pago
a mi amor
nada me impones.
Solo verme reír,
igual que una bandera
en el septiembre de los pobres.

Te quiero
porque no te enfadas
si me sumerjo en el maíz
de los océanos,
y me paro a mirar
al congrio y los salmones
brincando en los potreros.

Te quiero
porque crees
en las incautas acrobacias
de quienes, con amor, acuñaron
su moneda y la perdieron:
tú siempre estás segura
que la hallarán el próximo año.

Te quiero
porque exiges de mi
un casi nada
el día del encuentro:
sólo las cinco plumillas
en el cardo
de mi puño abierto.

Te quiero
porque conviertes
en amor mis celos,
porque dices galantes tonterías
y sabes hacer
hasta del polvo
el señor de la sonrisa.

16 de febrero de 1951
a Chita

## VIAJERO TRISTE

Te dejé,
quién lo creyera,
hace dos días
dos días con su carga
de dos siglos sobre el pecho.
Partí
para mi viaje
con la angustia de un pasaje de ida
sin regreso.

Desde entonces,
hay un pacto
de frío que cercena
las colinas de mi invierno.
Quiero verte
y no verte al mismo tiempo.
Estar contigo
y ausente;
amarte y desamarte.
Velar
y descubrir
el cuchillo de fuego,
dormido y vigilante,
que me navega adentro.

Soy un viajero triste
y lo será,
tú tienes que saberlo,
hasta que vuelva a respirar
el paraíso de tu aliento,
a beber del mismo pozo
en que te riegas,

a mirarme al trasluz
de tu alfabeto.

Soy un viajero triste
con la porfía quemante
de un secreto
que me fuerza a regresar
a mi cortijo.
Quiero subir, subir
con abanicos en mis huesos,
hasta la torre feliz
de mi desdicha, aunque sea
para verte desde lejos.

20 de agosto de 1956
a Chita

# SOY FELIZ

Ahora soy feliz.
Felices son mis secretos,
mis verdades,
mi nacimiento tenaz
de cada día.
Son felices mis maldades,
mis naufragios y mis yerros.
También mi jardín,
mis ríos, mi mar,
mis intenciones de laurel oscuro
y la sombra luminosa
de mi invierno.

Felices son mis labios
y mi aliento
cuando el agua muerden
y cuando respiran la sal
entre los dientes.
Soy feliz,
soy feliz, inmensamente.

Por eso,
me siento imán
mezclado con la gente,
queriendo compartir con todos
mi flauta y mis almuerzos.
Por eso
palpo, escucho,
huelo, miro y paladeo.
Por eso
cada mañana
me sumerjo entero

en los fogones de mi propia vida,
aquella en que nací,
y me muero.

No puedo explicarte
por qué me cortejan
la primavera,
las magnolias y los boldos.
Por qué la infancia,
las palomas,
la piel de los manzanos,
la paz y la esperanza
se afanan por vestirme
un traje rojo.
Déjame ser la lluvia
acariciando la amapola,
la abeja feudal
en su garita de naipes,
el grillo con su silencio sonoro,
un hilo de aire
para sostén de la gaviota.

No me preguntes por qué
soy tan feliz ahora.
Solamente sé
que soy feliz.
¿Será porque estoy vivo?
¿Porque soy lo que soy?
¿Será porque ayer
te vi amanecer en mi mañana,
porque te vi atada
a mi sombra al medio día,
y porque estás,
como los mares
ancha y sabrosa

escuchando el caramillo enamorado
de mi tarde?
¿Estoy feliz, acaso,
porque camino
y tu viajas a mi lado?
¿Será porque contigo
erijo el horizonte de mi aldea?
¿Será porque eres
y serás harina en mi molino,
levadura en mi pan,
sueño en mi siesta?
¿Estoy feliz, acaso,
porque, sin hablar,
me estás hablando?

Mírame,
y deja que te cante:
¡Soy feliz!

26 de junio de 1956
a Chita

# TU COMPAÑÍA

Ahora, estoy,
por el atajo,
solo.
Me hace falta
que estés tocando
mi costado solamente.
Aunque te calles;
aunque no sonrías;
aunque me abrume
tu enojo, tu guerra
o tu cansancio.
Hoy
me es más urgente
tu presencia
y la cesta de tu compañía
que el soplo a mis pulmones
y el cardumen rojo
a los jadeos de mis venas.
Ven,
señora de mi soledad,
a compartir la espina de la mía.
En medio del tropel
de mercados,
conciertos y alborotos,
sólo me hará feliz
tu compañía.

5 de diciembre de 1957
a Chita

## ENCUENTRO

Me pides que me remonte
en dos palabras
al misterio
de cómo fue el desborde
de aquel primer encuentro.
Me instalas en un derrumbe
sin quererlo.
No es fácil computar
la arena de las islas,
horadar el corazón del acero,
trenzar la crin de los cometas,
tejer bufandas con las nubes,
palpar el corazón de los insectos,
despertar el jardín de las cuartillas
sin rociarlas,
para escribir el comienzo de este cuento.
Es mejor decirlo sin palabras
y dejarlo apegado a su silencio.
Encontrar el encuentro
es tan difícil,
como es difícil renacer de nuevo.

Ginebra, 7 de septiembre de 1982

# TU LLAMADA

Me sorprendió
tu alfabeto esta mañana,
distante golondrina,
suspendido en el trapecio
del insolente
y ornitólogo teléfono.
Fue
el primer pájaro errante
caído en mi ciudad
cuando aún no terminaban
las funerarias noches
de este invierno.

Con el ala
golpeaste mi vidriera,
cuando escribía
la afirmación
de mis arados versos,
esos mismos
que leerás un día
sin creer
en lo que estas leyendo.

Te escuché
con mi raíz encabritada
pronta a saltar la cerca
del mar que nos separa,
para extender
sobre tus manos,
tus hombros,
tus pechos y tu cara
la flor enamorada

de mis besos.
Me sorprendió tu hablar
esta mañana,
escalando la madreselva
del teléfono.

Nunca te escuché
más reposada,
más dueña de la vida,
mas cerca de mi mismo
estando lejos;
más iris de la indulgencia;
más señora
de lo que soy y tengo.
Yo se
que aquí estarías, si pudieras,
poniendo,
en mis heridas de soledad,
tu venda.

Lo sé.
Y, cuando lo pienso,
no me paga su salario
la desdicha,
ni me pone en presidio
el desamparo.
Tu palabra intacta
fue como la mirra y el aceite
en mi calendario.

Gracias, amor,
por tu llamada;
gracias por tu medicina;
gracias
porque te sientas a mi lado,

por tu encomienda,
aunque me faltes,
gracias.

¡Oh breve golondrina
de este invierno,
quién pudiera
despertar así contigo,
comenzando a vivir
cada mañana!

17 de agosto de 1985
a Chita

## MI VERSIÓN

Cómo quisiera convencerte
de la verdad
de mi mentira,
deshecho sexual
de esa tórrida noche
en que jugamos
al ataque y la entrega,
a la muerte y a la vida.

18 de abril de 1985

# DISTANCIA

Te veo sin mirarte,
porque el ciego
sabe tocar las chispas
que hablan en las sombras.
Te escucho sin oírte,
porque los sordos
leen mejor la voz en lo distante.
De igual manera
recorro, sin palpar
tu frente, tu regazo
y tu mejilla,
el territorio moreno
de tu piel,
el archipiélago
de tus eléctricos lunares
y el océano errante
de tu sangre.
Por eso,
no hagas caso de aquel refrán
que murmuran las gentes
incrédulas de amor
"Ojo que no ve
es corazón helado
que no siente".
No saben
que, a veces,
la distancia es un milagro.

5 de marzo de 1983
a Chita

# FUERON DOS AÑOS

Fueron dos años
de ventura y aventura
en que hicimos
quizá mucho,
quizá nada.
Hasta la lluvia nos trajo
sol en sus cristales.
Fueron dos años
de traficar
dentro del mismo camarote,
siempre en camino
de llegar a lo perfecto
impenetrable.

Fue la música el imán
que hipnotizó las manos
por sobre
las edades, los estilos,
los reproches, los abrazos.
¿Qué faltó a nuestra greda
para que el pomo se quebrara?
¿Compromiso, tolerancia?
¿Sacudirnos la infancia de los pies?
¿Cargar las baterías
durante la semana?
¿Acometer a tiempo la osadía
de ceñirnos a la piel una coraza?

Un día magullado
y sin flores fue ese día;
porque decir adiós
es sorbo muy difícil:

siempre deja
brújulas ambiguas
en la grieta.
Con todo, es bueno remecer
los cimientos y desvanes
de la ciudadela,
para que los habitantes
se den un baño
de comezones nuevas.

Un día, si Dios quiere,
y si también queremos
fijar en nuestro calendario
la construcción de una cúpula
en la selva,
volveremos a levantar andamios,
a repintar de blanco las ventanas,
a robar a la hormiga su casco
y al picaflor sus ansias.
Entonces, el dardo volará de nuevo
con las alas del encanto
del canto
desplegadas.

10 de marzo de 1992
a Chita

## PIENSO EN TI

Desde hace dos semanas
tengo una púa negra
horadando mis huesos
hasta muy adentro,
desgarrando mi sangre,
incitando galopes y recuerdos.
Recorre mi barrio
Bella Vista,
tocando los costados
de sus calles,
donde escribí los nombres
que más quiero;
y llego afiebrado
hasta la plaza que se corona
con tu nombre en medio.
Desde hace dos semanas
espero en vano
la visita del cartero.

Pienso en ti
todas las horas de mis horas,
acordonadas
con murallas calcinadas,
y me aferro
al muelle de tus olas
con mi amor secreto.
Pensándote,
mi país se tiñe con el gozo
de tu chaqueta roja;
y, así, me estoy transformando,
desde hace dos semanas,
en peñasco de la sierra,

espina de la rosa,
contorno del anillo vacío,
y paso ciego
que zozobró en la alfombra.

Pienso en ti,
desde hace dos semanas,
y aunque estés bajo otros cielos,
en todo lo que miro,
y en todas las arenas
de mi puerto;
y me quedo mirando
por las noches
la luna
de las islas más lejanas,
preguntándole
si llegará tu carta,
inundándome de lluvia
cuando se empine
para cantar
el alba.

En ti pienso.
Pienso, pienso.
Pienso en ti,
con los párpados
rayando la pizarra
en que escribí tu nombre.
Sueño
con allegarme
a tu madera reclinada,
y escucho, escucho,
escucho el repique
con que, al decir tu nombre,
reían y cantaban

los pájaros, el viento,
la jaula, las fronteras,
el azúcar, el cartero,
el pan candial,
la plaza
y todo el barrio,
junto a mi corazón
desde hace dos semanas.


15 de octubre de 1983
a Chita

# SE FUE

Se fue,
Sebastián se fue.
Nadie supo cómo,
nadie supo dónde,
tampoco por qué.
Un monstruoso crujido en la tarde,
un zapato de niño que va por el aire,
y un quemante alarido
después.

Tendido
en la calle,
Sebastián se fue.

Era un príncipe blanco
con alas de cisne
en los pies;
tenía un follaje
ingenioso en las manos
con un yelmo
de oro tostado
orillando su sien.

Nadie
sospechaba:
Sebastián se fue.

Había en sus ojos
dos peces azules,
cargados de luna,
de asombro,
de enigma,

de chispa,
zozobra
y T.V.

Y esa tarde,
sin decirnos nada
Sebatián se fue.

Paladín
de limpias campanas
lidiaba sin guantes,
para defender
a las noviecitas
que hacían la rueda
en el mismo patio
de su carrusel.

¡Qué cosa
más rara!
Y Sebastián se fue.

¿Recuerdan?
En el novenario
de las Navidades,
le vimos vistiendo sandalias
con vara de verde laurel.
Calzaba
diadema de paño
y miraba insistente
el milagro
igual que José.

¿Por qué
sin anuncios,
Sebastián se fue?

En un catre blanco
se quedó dormido.
Lo llevan andando,
sin mover los pies.
Y allí
está solito,
solito en la noche,
esperando el alba
que vendrá a buscarlo
otra vez.

Se fue Sebastián.
¿Quién lo diría?
Sebastián se fue.


2 de septiembre de 1986

## RECADO

Yo sé que estando lejos,
estás cerca,
y tú bien sabes
que, en la lejanía,
hay un trozo de llama
sumergida en la niebla
y una querencia simple
que agranda, en la distancia,
la marca vertical de tu presencia.

No es seguro
que andar en compañía
signifique girar
el timón del mismo barco.
Ocurre, con frecuencia,
que es mejor la lejanía
para sentirse más cercanos
que la vecina puerta
que, por vecina,
rechazamos.

Mejor es lo distante
para librarnos de lo arrimado
con su engaño.
Una canción al oído
es una cita incierta
en cualquiera estación abandonada.
Una sílaba próxima
es apenas
un grano arrancado por costumbre
a la mazorca de un poema.
Un respiro secreto

la llave de todo un amor encarcelado;
la plumilla de la voz en vuelo
es huésped de los brazos
con su ramaje abierto.

No hagas caso, sin embargo,
a todas las alquimias
que te invento
en este mensaje oblicuo
de febrero.

Entre saberte lejos,
mirando como yo
el mismo pez atado
a los estribos de la luna;
y entre imaginar
este intercambio azul
de sólo telegramas
deletreando
nuestra apartada travesía;
entre todo eso,
tan distinto y tan distante,
prefiero secuestrar tu cuello
en el cobertizo de mis manos.
En lugar de ese diálogo
de alambre escurridizo
te quiero allegada, palomita,
como el árbol a la tierra,
a mi costado.

17 de febrero de 1984
a Chita

## DE LOS ADIOSES

Decir adiós
es tan sencillo.
Una palabra sola;
una estrella de cinco letras
un silencio
y un cuchillo
de mano enguantada
emboscada
en el naufragio de las horas.
Adiós
se dice al descuido,
desgranando tierra estéril,
como el beso
con que la gente
cumple ahora
el rito del encuentro,
sin odio, ni cariño.

Adiós
es ese juego
del "corre el anillo
por un portillo",
cuando la joya galopa
de una mano en otra
y en otra,
hasta la tuya,
sin sospechar
qué refugio encontrará
por fin
ese ojo redondo
con su beso tímido.

Adiós
dice el pulso al despedirse;
y dice adiós la mirada escurridiza
de quien escapa de esa armadura
que le hastía.
Adiós
dice la tristeza
humedeciendo la mejilla,
mientras entierra
el labio dolido
en la sonrisa.

¡Ay!
El adiós que te di
cómo me duele.
Fue el adiós
que se dice,
para nunca
recordarte
siempre.

26 de mayo de 1986
a Chita

## ECLIPSE

Junto al paradero
se quema
con demorada prisa,
mientras el autobús
embadurna de negro
el silbato de las huellas.

Una herida con harapos
está abriendo su boca
en el pecho del que muere
de apartamiento
en el cepo del asfalto.
Sólo tiene un adiós
por compañero.

Solo.
Amor encaramado
al árbol de las hojas negras.
Solo.
Amor con su desierto
entre las sábanas.
Solo.
Con sus tobillos
de melancolía.
Solo.
Amor sonsacando
al navajazo de la huella
la sombra del jinete
en galope canceroso,
detrás de la malvada ventanilla.

El otro amor
después del beso
del adiós comprometido,
entre brincos y memorias olvidadas,
desde el primer momento
acomoda su equipaje
y su corazón
al paisaje sin jaulas que le llama
y a su planeta nuevo.

Atada su complicidad
con el autobús en marcha,
muerde el camino
a dos carrillos,
con la tentación de la manzana.

Sólo codicia encontrar
otro lucero
de fugitiva cara,
en cada vientre
de un nuevo paradero.

¡Qué distintos eclipses
en el adiós que mira,
y en el adiós que parte!
Uno
se resiste en la espera.
El otro
se deshace.

20 de enero de 1987

## LLAMADO

Puerta, ventana,
muro,
cielo, cristal,
madera, cemento,
balcón, azotea
y geometría.

Amor,
espera, dulzura,
sosiego, palabra,
calor, mirada,
tacto, deseo
y madreselva.

Todo eso
y más palabras
escribí
bajo el techo de mi casa,
a gritos
y en secreto,
para ti.
Trata de encontrarlas
y amarlas
cuando vengas.

28 de julio de 1985
a Chita

## ¡QUÉ MARAVILLA!

Deja que tu risa
despliegue su relámpago
y convierta
la soledad en fiesta.
No la guardes escondida
en tu planeta.
Deja que brinque
perdurable,
con su disparo
de pólvora insurgente,
para que todos
sean guerrilleros felices
de tu risa.

Aunque te digan
que andas mal de la cabeza,
no hurtes a la gente
que es pobre de alegrías
y pesares rica,
el guante y la manzana
de tu risa.

Azota los ceños fruncidos
y los labios leprosos
de tristeza,
con esa mágica varilla,
y todas las gentes,
descorrerán visillos
y abrirán ventanas,
y asomará un cesto rebosante
de poesías
en su cara.

¡Que maravilla!
Ríes.
Con tu risa
estalla
la mañana.

26 de mayo de 1987
a Chita

# LOS ADIOSES

Adiós
es un labio expulsado
que deja
un llano impreciso
entre el agua y su matriz,
entre la flor
y el aire en vuelo,
entre el rumor
y el contorno del silencio.

Adiós
es una cuña
con máscara de vidrio,
entre mi rostro y el tuyo,
entre tu nombre y el mío.
Del cemento
se despiden los aviones,
de las islas,
aleteando, los navíos.

Nadie sabe
si, luego del adiós,
vendrá otro encuentro.
Nadie sabe
tampoco
si, ese hallazgo nuevo
tendrá
la misma quemadura,
el galope mismo
de aquel
primer momento.

Con adioses
pintan de azul
sus raíces los océanos.
Con adioses
se licencia
el trigo sazonado
de la humedad y el viento.
Con iguales
adioses
los amantes
abren sus poros
a los desgarramientos.

7 de marzo de 1987

# DESPUÉS DE DIEZ AÑOS

Partiste.
Fue hace diez años.
Se te hacía quebranto
el quedarte,
hastiada de la vida
y del pan diario.
Y anoche regresaste.
Era tan distante y distinta
tu traza, tu cara, tu estatura,
que apenas conocí quien eras
cuando bajé desde la torre
de mi castillo amurallado
para ir hasta el avión
que te traía, pasajera.
Te hablé tras de los vidrios,
sin abrirse la cancela,
prisionero yo del olvido,
tu prisionera de la ausencia.
Reconocí tu imagen
y rejuvenecí diez años,
como si llegara de improviso
una perdida primavera.
Llegamos a mi barrio
y entraste de nuevo
en mi colmena.
Contigo, en las primeras horas,
entraron aviones, trenes,
paisajes, hijas, recuerdos,
padres, familias y parientes.
Cambió tu hablar apenas
con dos idiomas más
en tu maletín

de viajera doctorada.
Cambió algo tu altura,
tu ancho y tu peinado;
pero, no cambiaron tus ojos
con ese mirar de pájaro cansado.
Mirando en ellos,
reconocí de nuevo
tu voz, tu aliento,
tu manera de ser,
como gacela inmoderada:
te vi como eras
cansada de mis brazos.
Partiste
y anoche regresaste.
Entra en tu casa
y quédate,
porque la vida empuja
y pasa.
No partas de nuevo.
Me haces falta
como la sombra al nido,
al caracol el canto del mar,
la noche al grillo
y al corazón amar y estar acompañado.


1985
a Chita

## TUS OJOS

Miro tus ojos,
payadores cesantes
que parió una estrella
y
responden los míos
con alegría tan honda,
que me convierte
en profeta de la vida
y
en inventor
de los claveles.
Mírame
y
juntos
haremos
que brote
de la tierra
el mediodía
con el oro
de la primavera.

17 de septiembre de 1987
a Chita

# VEN

Ven a dormir
bajo mi tienda,
amada.
Descansa.
Fue larga la batalla.

5 de enero de 1987
a Chita

# VISIÓN

Te vi
en el Parque Forestal.
Caminabas,
bebiendo a trancos
la pureza verde
con tu alegría
nueva.
No me importó
tu fortuna,
tu vestido,
ni tus medias.
Caminabas orgullosa
iluminada la cabeza,
llevando
en tu contorno
una aureola
de luciérnagas.
Sabías
que un sol
amanecía
en tu carruaje,
y tu cintura redonda
era el dedo
de Dios mismo,
escarbando de nuevo
en la boca de la tierra.
Te vi
en el Parque Forestal.
¡Ay! si todos,
como yo,
te vieran.

16 de octubre de 1987

## EL MILAGRO

Te veo, agricultora,
caminando dilatada
por mi calle,
y me emboba esa sorpresa
que cargas en tu vientre,
como esconde el fogón
en su espejo de cenizas
su diminuta estrella.

Y miro cómo crece
la nueva madreselva,
piel de tu piel,
pasillo obscuro de tus huesos,
de tu herida, herida,
ebriedad muscular
de tus eléctricos tendones,
semilla de semillas.

Se agrandan
esos dedos y esas manos
que son vasijas tuyas;
bocas, oídos y caderas
hilvanados en el mismo ovillo,
energía de la misma fragua,
liana de la misma selva
en donde su vida
con tu vida
se pasean.

Atónito te sigo,
ventana de aire fresco,
y soporto, con herido desencanto,

que nadie extienda alfombras
a la reina.
Se aclimataron
a intimar con el milagro.
Ya no lo ven,
ni esperan.

¡Qué estupor
que no se maravillen!
No tienen tiempo
para desmantelar sus baratijas
y detenerse a admitir
que, en la comba de tu secreto,
se está zafando del rebozo
un bergantín
con su acurrucado pasajero.

No te sofoques, por ello
en la tristeza.
Siempre serás, mujer,
para los hombres que nacerán
y que nacieron
la indispensable primavera.

2 de febrero de 1952
a Chita

# CUÉNTAME

Cómo envidio tu vientre
pabellón
del germen sumergido,
esfera en donde
los ríos afiebrados
desangraron el agua
para hacer
que los nunca aún aparecidos,
en la tierra naufragaran.

Un día,
con pánico y asombro,
con la alegría nupcial
de las cerezas,
sentiste que el secreto
estaba adherido a tu carne,
y descubriste el respiro minúsculo
del hijo trinante
que se agarraba a tu matriz,
tu blanda felpa, tu tronco de encina,
la roca de sus algas,
su defensa.

Y palpas y sientes.
Y crece y crece.
Y se multiplican
los latidos y las horas.
Y ensanchas tu cintura
para que el navegante goce
con la hamaca que ayer inauguraste.
Es bueno que repose
el fogonero

antes de abandonar
la noche feliz
de su entretecho.

Te veo
cómo arrimas tu boca
para verle,
y asomas tu oído absorto
a esa mágica redoma
de rocío
que encierra el llanto
la palabra, el canto
que, de tu cielo,
bajará a la tierra.
Cómo admiro
el dulce coraje que te incita
a izar la bandera de tu triunfo
sobre el varón enmudecido
que nunca entenderá
la hondura del secreto
que sólo tú conoces
y sola saboreas,
orgullosa y doliente,
solitaria dueña
de tu redonda pajarera.

Dime,
¿qué piensas
cuando adviertes
que un dios pequeño
te está hablando cada día?
Dime,
¿cómo piensas responder
cuando le oigas
golpear a la puerta

para pedirte
que rompas el candado
y le dejes salir
a la luz de las candelas
que le llaman a su llama?
¡Qué terrible abandono
y que descanso!
¿Será así el divorcio
inevitable
del cuerpo con el alma?

Y, al llegar aquella hora;
al quedar, mujer, desalojada;
matraz sin agua, océano sin peces,
vacía de la abeja la colmena,
cuéntame.
No te calles. Cuéntame.
¿Cómo se siente un ser humano
al hacer igual que Dios
este milagro:
el secreto de crear un hombre
con el soplo y el habla
de las propias manos.
¡Mujer, traspásame
la fe de tu milagro!

5 de mayo de 1974

## DULZURA

Hoy el vino
es más dulce que ayer,
mujer amada:
en el fondo de la copa
se encontró
con la miel otoñal
de tu mirada.

22 de abril de 1985
a Chita

## RUEGO

Creyendo en ti,
construí el andamio
de mi amor enriquecido.
No me abandones
en medio de la calle,
soñando
con haberte visto.

27 de abril de 1985
a Chita

# ¡AY, MUJER!

Mujer, formada de la piedra
y del frágil fragmento de las aguas,
qué poderío el tuyo
y que dulzura existe
en el lecho de amapolas
que en tu vientre guardas.
Allí duerme el hijo
que te da la gracia
de esperar
en tu carroza de rocío y pluma
el momento
del feliz bullicio
por quien merece la tierra
haber nacido.

Responde a mi pregunta,
mágica cintura,
transbordadora de las vidas,
¿en qué alambiques,
con qué escuadras,
niveles y perfiles
estás ensayando
el monopolio del portento
para multiplicar el alboroto
de las rondas
con que tu niño
transformará el desierto?

¡Ay, mujer, que laborioso
el anillo sin abrir
de tu regazo,
en donde el mundo entero

se renueva!
¡Ay, qué rito mineral
está cantando en silencio
en la alegría encadenada
en donde tu alojas
el ceibo o la azucena!

¡Ay, la espera
de respirar con llanto
el primer rocío
de la primavera!
¡Ay, cómo el amor
me enciende las arterias,
al tocar, temblando,
la paloma concentrada
de tu esfera!
¡Ay, qué dicha es, mujer,
el que así seas!

10 de octubre de 1985

# ANIVERSARIO

Hoy te encuentras en la cumbre
donde se anuda
la espuma almacenada
en tu espacio y tus retinas;
donde se agarra
el brote y la semilla,
invasores de los asombros diarios
en el territorio
de tu nueva vida.

Sal a gritar el gozo
de gustar la sal
que muchos sienten
como tú has sentido.
Sal a cantar, Marcela,
y a repartir la copla
en tu fogón hundida.
El agua espera
verte repletar todas las jarras
que nosotros instalamos
en tu mesa.

Prende en el ojal
de tu universo joven
la flor de aquel contrato
que firmaste,
al irrumpir en esta meta.
Eres ya gloriosa encina
en el paisaje.
Ponte en medio del campo
con el sabor de tus veinte años
por cimera.

Reta al viento
a difundir las mil plumillas
por ti coleccionadas
en todos tus veranos.
Ya es el tiempo.
Comienza,
Urraca de mi alero,
a devolver toda la fuerza
de tus convencimientos,
toda la dulzura secuestrada
que llevas en tus pechos.

Hoy tienes la fe
de la intacta luz celeste,
para seguir ardiendo,
cantando,
repartiendo,
conquistando.
Esa eres tú,
si quieres.

3 de marzo de 1971
a Marcela

## MUJER NUEVA

Hoy el soberano calendario
te marcó la frente.
Se cumple, Manola,
un tranco más
de tu alianza con la vida.
Hoy, la aventura de ser,
desafío de tu nacimiento,
salta la valla de tu niñez quebrada,
para atrapar
con la codicia de las nubes,
el sol de tu meridiano
resurgiendo.

Quince estaciones
transcurriste,
leona de mi aldea,
palpando el terciopelo
de las uvas ya editadas,
hasta llegar,
con tu vestido blanco
al ruedo de la plaza.
Ahora, viene su turno
a la saeta
con su antebrazo de esperanzas.
Una serás con ella
hasta el final,
cuando te sea posible
conseguir la codiciada
simetría de la estrella.

Sube al carruaje de las novias;
abre su prisión

a las palomas mensajeras
que te arrastran
hacia el rumbo de las bienvenidas.
Descorre los visillos
hacia la luz que avanza
colonizando tus caminos.
Hasta hoy te llevaron:
desde ahora tú misma
prolongarás tus trenzas.
Hasta hoy pudieron cobijarte,
desde hoy no tienes muros,
ni cancelas.
Hasta hoy te amaron;
ama tú también
desde esta aurora
a todos cuantos rodean
tu distancia.
Dejaste de ser niña.
Hoy eres esa mujer que ayer
esperaba su mañana.

30 de abril de 1967
a Manola

# LOS MÍOS

Cuatro niños,
cuatro caras
entre gozo y llanto,
cuatro arterias
que bajaron desde la copa
del mismo latido
de dos álamos.
Bajaron
los cuatro,
soplando su cuerno
de ternuras sobre el blanco
paraíso de mi invierno.
Bajaron.

Valentina,
la primera memoria,
Javiera,
la siempreviva,
David Andrés,
el estallante crisantemo,
y Francisca
la pluma del cerezo,
me hablaron hoy,
cantando a un año nuevo.

Me hablaron
las cuatro hojas
del trébol nunca visto,
construcción amada
de esas tres mujeres
que forman la cadena
de esa cruz

que llevo atada
a mi destino.
Marcela,
la urraca,
Manola,
la leona,
y Chita,
dulcinea,
el iris caminante
en que se amarran
los quemantes colores
de mi vida.

Volaron
las palabras impalpables,
y el tímido relámpago
de amor
en el crecido aniversario.
Cuatro niños,
tres mujeres,
una vendimia de siete días
luminosos
en mi patio.

3 de noviembre de 1986

## UN AMIGO

Si alguna vez
tienes a mano
la mercancía que no se tranza
en almacenes,
ni se oculta tras caparazón
de biombos,
has conseguido, quizá,
como pocos, la quimera
de hallar un fiel amigo
entre millones
de simulados dioses
de la tierra.

Cuando te ametralle
lo confuso
y se resfríe la garganta
de tus calendarios,
y sientas
que nada sientes,
escuchando sus palabras,
volverás a descubrirte,
a ceñirte a la lluvia
para que tu raíz se extienda,
y subir al columpio de las nubes
sin temor a las tormentas.

Si quieres encerrarte
en la granada que guarda
tus enigmas,
y hacer un libro mudo
sin intrusos arsenales,
ese mismo amigo fiel

apagará los televisores,
esconderá los helicópteros
y él mismo vestirá de negro
y, sin que parpadeen
sus sandalias
te agenciará el silencio.

Tu fiel amigo,
si es amigo verdadero,
tendrá siempre una respuesta
a tu demanda:
para tus caminos, una rueda;
un paradero en la hora del regreso,
en tus penurias, la moneda;
y en el rito sin rostro
de las muchedumbres
la paz que andas buscando
y que no encuentras.
Un amigo es un milagro.
¿Te das cuenta?

20 de julio de 1961
a Valentina el 20 de febrero de 1987

# DUÉRMETE JAVIERA

Duérmete, Javiera
solita en tu cama,
como las torcazas
duermen en sus ramas.

Un burrito blanco
te acompañará,
con una cabrita
de poncho y dedal.

Marcela te canta.
Alberto te mira,
y el sueño en los ojos
te hace cosquillas.

Partirán de viaje
en un tren dorado,
tú con Valentina,
las dos de la mano.

Y cuando te duermas
verás en tus sueños
la risa en la cara
de tus dos abuelos.

Te cuida la Nana,
te cuida tu tía,
te cuidan tres garzas
y tres palomitas.

Que no te despierten
la lluvia ni el viento,

ni sienta tu espalda
el peso del tiempo.

Están a tu lado
de noche y de día,
Alberto, Marcela
y la Valentina.

Llegaste en invierno,
lo hiciste verano.
Igual que en los sueños
pasaron dos años.

Despierta Javiera
que está amaneciendo
y, como las uvas,
tendrás que ir creciendo.

8 de julio de 1982
a Javiera

# CONVITE

Sube.
Ven.
No tengas
miedo.
Inventa
los caminos.
Mira.
Cada piedra
y joya de maíz
esperan
el refugio de tus ojos.
Para ti
los hizo Dios,
y en ti
pensando.
Cógelos.
Serán
tu compañía
mientras vas o vienes,
escapándote
del átomo.
Con tu anzuelo
sube al edificio
del disparate inteligente.
Ven a pescar
la ingeniería
de las espumas
y la chispa del colibrí,
antes
que los bandoleros
enluten tu medio día.
Sube.

Ven.
El canto
está esperando
que lo cantes.
No temas.
Secuéstrale
a la vida
la alegría de ser.
Injerta
a las muchedumbres
el hambre de vivirla.

17 de agosto de 1990
a Francisca

# NO LLORES

No llores que ya vienen
los pajaritos
a ver como se duerme
mi chincolito.

Moreno me has salido,
niño del alma,
igual que las alitas
de las torcazas.

Un caballito blanco
ha venido a verte,
para jugar contigo
cuando despiertes.

Dormido me pareces
una gacela,
más lindo que la aurora,
como tu abuela.

Mi niño, que es muy guapo,
tiene dos primas:
una color de trigo,
la otra de harina.

También tiene una tía
que se ha pintado
dos soles en la cara,
para mirarlo.

Escucha como cantan
las hojas nuevas;
conmigo de la mano,
vamos a verlas.

Ginebra, 17 de junio de 1982
a David

## EL COMBATE

Catapulta del hacha,
tronco de cedro sin ranuras,
el gigante.
Un aluvión disparado
sobre el agua
cabalgando.
Menudo en su mañana
el adversario.
Saltamontes y felino,
lactante de los juegos,
apenas chispa
alojada en seis peldaños.
Los dos
se midieron y miraron.

Ceñudo fue el encuentro
y memorable.
¿Cómo penetrar
en la espesura de dos galaxias,
de dos átomos,
de dos espadas
dentro de una misma vaina,
de dos centauros
tan distintos y distantes?
El hondero diminuto
y el coloso
descolgaron frente a frente
el pregón de sus armas.
Asieron lanza, honda,
fusil, piedra y escudo:
el combate
comenzando estaba.

David y Goliat
se pelean
porque niños y mayores
están hechos
de cismáticas maderas,
y es difícil
juntar las paralelas.
Ahora avanzan,
coleccionando precauciones
en la baraja de su campo.
Las gentes
devoran el deslinde
y empinan el oído y la pupila
para contar
después a los vecinos
lo que fue y no será
la batalla
del trueno
con la brisa.

Preparó el crío la honda.
Volteó la hélice
y, con los ojillos picarones
urdidores de exacta puntería
lanzó al gigante
cinco piedras
cogidas en la playa
envueltas
en el tafetán de su sonrisa.
Su estatura pontifical
alzó el guerrero
y, de un manotazo,
detuvo la avalancha,

mientras el contorno
de una burla
le bombeaba en el pecho
sus cosquillas.

En este juego de darse
y aguantarse,
oliendo a músculos,
transcurrieron dos mañanas
con sus tardes.
Los sudores del sol, la playa,
el horizonte, el mar azul y el cielo,
de ese duelo tenaz,
fueron testigos.

Tanto se miraron a los ojos
desafiantes
y fundieron sus espejos
en un mismo crisol
de pulso perseguido
que el pastor y el guerrero,
con muestras de cansancio
convinieron
en que era mejor
suspender el combate
y firmar pacto de amigos.

Dejaron honda y escudo,
aviones, alabardas y fusiles
sobre la roca inmóvil
y a la casa distante
juntos regresaron,
Pablo Goliat
convertido en San Cristóbal
y David Andrés

sobre sus hombros,
dueño del mundo,
cabalgando.
El guerrero
estremecía las espumas amarillas
y en la cima un niño
batía sus alas,
tiñendo todo el mar de poesía.

La sonrisa de un niño
hizo el milagro.
La gente los miraba,
y no creía.

20 de enero de 1988
a David

# MI NIÑO

Mi niño crecía,
crecía en la hierba,
con sol en la cara,
los pies en la tierra.

Tomaba en sus manos
el arco y las flechas
y en cada puntada
cogía una estrella.

Un día de invierno
cebó su visera,
montó en su caballo
domando la rienda.

Se fue galopando,
y, sin darse cuenta,
se vio entre los brazos
de la primavera.

25 de febrero de 1991
a David

# SE ME HA PERDIDO UNA HIJA

## (ronda)

Se me ha perdido una hija,
cataplín, cataplín, cataplero.
Se me ha perdido una hija
en el fondo de la mar.

Cómo se llama su hija,
cataplín, cataplín, cataplero,
cómo se llama su hija,
en el fondo de la mar.

Mi hija se llama Manola
cataplín, cataplín, cataplero,
mi hija se llama Manola
en el fondo de la mar.

Aquí le traigo esta fea
cataplín, cataplín, cataplero,
aquí le traigo esta fea
en el fondo de la mar.

Mi hija nunca fue fea,
cataplín, cataplín, cataplero,
mi hija nunca fue fea,
en el fondo de la mar.

Aquí le traigo esta coja
cataplín, cataplín, cataplero,
aquí le traigo esta coja,
en el fondo de la mar.

Mi hija nunca fue coja
cataplín, cataplín, cataplero,
mi hija nunca fue coja,
en el fondo de la mar.

La tengo sana y hermosa
cataplín, cataplín, cataplero,
la tengo sana y hermosa
en el fondo de la mar.

Ahora la reconozco
cataplín, cataplín, cataplero,
ahora la reconozco,
en el fondo de la mar.

Aquí te la vengo a dejar
cataplín, cataplín, cataplero,
aquí te la vengo a dejar
desde el fondo de la mar.

Me llevo, entonces, mi hija
cataplín, cataplín, cataplero,
me llevo, entonces, mi hija
desde el fondo de la mar.

a Manola

## RECADERO

¿Sabes?
Tengo un empleo,
aparte de mi oficio
de músico ambulante.
De vez en cuando
sirvo de recadero
o estafeta
entre dos que se quieren
sin decirlo.
Para ellos encuaderno
una hoja huérfana
que subsistió enganchada
en un olvido.
También
traslado de vertiente
algún suspiro
que alguien extravió
deliberadamente.

20 de enero de 1992

# CUANDO ES TIEMPO

Captura
el aprendizaje del amor
ahora,
cuando es tiempo
del latido
y de la espera.
Modela
la simple harina
ahora,
cuando es el turno
de la sangre y la sorpresa.
No dejes que el amor
escape esta mañana,
ahora
que es el ciclo de los mares,
y del sabor sin hablar
de cada letra.

Junta tus dedos a los suyos,
tu sudor a su piel
y construye tu casa
con la suya
piedra a piedra;
usurpa los planos
con que erigen
sus campanas estrelladas
las abejas.
Con ese abecedario,
instala tus tambores,
tus flautas y tus cuerdas
y fabrica una constelación
de flores restauradas

y de hogueras.
Allí, pon tu corazón
a arder,
sin morfinas errantes,
rojo y desnudo,
con su semilla alerta.

Manejando tu azadón
podrás romper la costra
en que se ahogan
las gentes
bajo las costillas de la tierra.
No lo eches al olvido.
Si lograste el amar
y el ser amada,
has parido esta noche
dos estrellas.

19 de octubre de 1985

# CINCUENTENARIO

Ni la lluvia, ni el llanto,
ni la aridez, ni la fiesta
lograron romper la paz
de esas dos manos ensambladas,
raíces sin espinas,
dominio sin dominio,
para hacer despuntar
ocho hechuras de sus vidas.

Cincuenta años
rodó el anillo con el viento
sin perder su aroma
ni su brillo,
aunque se alejaran
los rostros
y los pasos se hicieran lentos
de tanto caminar
unidos.

Hoy, salpicando,
late de nuevo el campanario
como cantó
hace tiempo.
Se estremecen las manos
recordando la boda,
y late remozado
el archipiélago,
con los hijos
y los hijos de los hijos
dentro.

8 de marzo de 1986

# AMOR

Amor
es necesaria compañía
en los útiles e inhábiles
trayectos.
Amor
es idioma
que cruza la neblina
entre los vericuetos
del silencio.
Amor
es un consumo
que sólo se da
en las esmeraldas
de la luna.
Amor
es también
partida
que no está pensando
en el regreso.
Amor
es una gracia
que nos cayó,
sin llamarlo,
desde el cielo.

9 de octubre de 1990

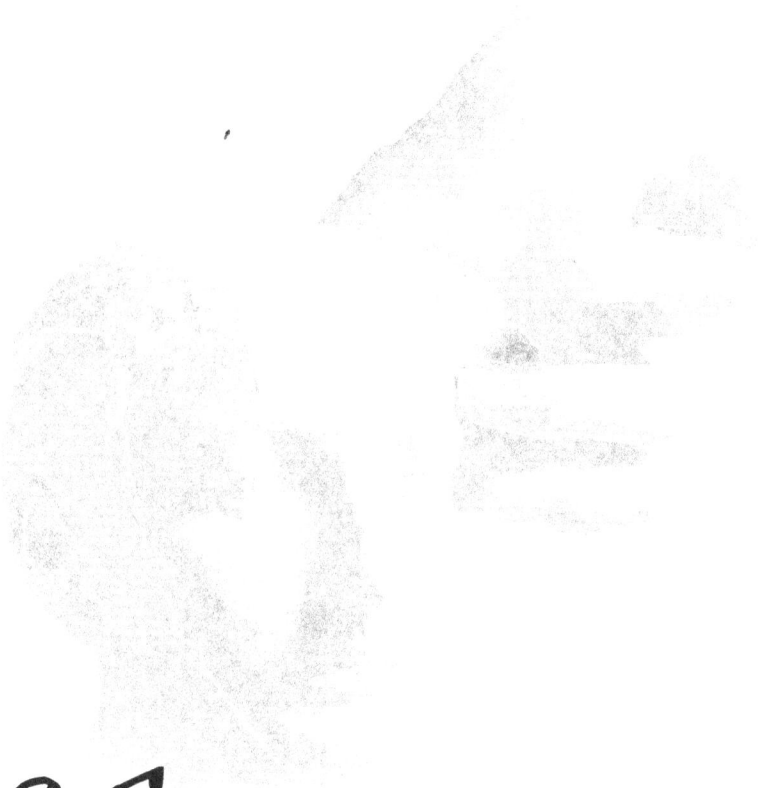

# ESE
# PERSEGUIDOR
# MISTÉRIO

# TRES REYES MAGOS

Los tres reyes magos
montando camellos,
llegaron de lejos
a Jerusalén.
Venían buscando
en todos los cielos
la estrella escondida
del amanecer.

Siguieron de largo
por más de tres días,
y juntos llegaron,
al trote, a Belén.
Allí en el establo
que está en la colina,
al Dios hecho niño,
entraron a ver.

Parece que en medio
del trigo dorado,
durmiendo estuviera
un blanco clavel:
el buey y el borrico
miran asustados;
sonríen los reyes,
María y José.

Le ofrecen incienso
porque es el Dios vivo;
y el oro le traen
porque es nuestro Rey;
y, pues, será un día

Varón Dolorido,
le dan como ofrenda
la mirra y la hiel.

Subiendo el camino
que lleva al pesebre,
detrás de los reyes
subamos también;
y con hojitas
de los sauces verdes,
hagamos la cuna
de Dios en Belén.

(sin fecha)

# FELICIDADES - FACILIDADES

Que seas muy feliz:
en cada hora de tus horas,
en el segundo que respires,
en cada latido de tus gestos,
en cada paso,
en cada palabra,
en cada leve preñez
de tus pestañas.

Que seas muy feliz:
mientras des y recibas,
mientras te dure esta vida
y la que ha de venir;
mientras tengas los bolsillos
deslucidos o despiertos,
mientras sepas o no sepas
cómo es la soledad que llegará mañana,
cómo es el hambre a borbotones
y el circo de los que ríen sin reír,
con una flor atada a su esperanza.

Que seas muy feliz:
amando sin cansancio;
jugando a que los ojos
que te miran o miraron,
llevándose algo tuyo, siempre te aman;
que lo seas
vistiéndote de nada y de todo,
sin asirte a nada;
poniendo un abejorro en tu cerebro
que te mantenga alerta y de pie
cada mañana.

Que seas muy feliz:
ahora y siempre
y por tus días y tus siglos.
Amén.
Y que no olvides
que andan por ahí
muchos lebreles solitarios,
esperando tu silbido
para hacerse a la mar
en el falucho de tu contentamiento.
No dejes que se queme en la vereda
su cansancio.

¡Qué sencillo!
Las mil felicidades,
si el capullo se abre,
llegan con mil facilidades.

Navidad de 1988

## ÁNGELES Y PASTORES

Los ángeles ven al Niño
y están llorando en silencio;
Señor, tu sabes que lloran
para merecer su cuerpo.

Los pastores no son hombres,
que son árboles del cielo;
lloran, viéndose en los ángeles,
como si fueran espejos.

Los pastores son de nieve
recién pisada, de beso
que tarda un poco, de llanto
que siempre llega a su tiempo.

Los ángeles son lluvia
con sol, de cristal con sueño,
de nieve recién caída
tal vez de nieve cayendo.

Unos porque tienen alas
y otros porque tienen cuerpo,
todos están junto al Niño,
llorando y amaneciendo.

Navidad de 1964

## VAIVÉN DE CANTOS PARA CONTAR AL NIÑO MIS DESEOS

Si yo tuviera una estrella
con camisa de doncella
para que el Niño pudiera
alumbrar los cien destinos
de los menudos caminos
donde corta mi tijera.
Si yo tuviera...

Si yo tuviera unas pajas
esparcidas en migajas,
para que el Niño estuviera
esperando mi visita,
con las ansias de la cita
del frío junto a la hoguera.
Si yo tuviera...

Si yo tuviera un tejado
con almendras alfombrado,
para que el Niño durmiera;
soñando en su maravilla,
me quedaría a su orilla
como una nada cualquiera.
Si yo tuviera...

Si yo tuviera tres reyes
con sus caballos y bueyes
para que el Niño anduviera
a cuestas con su misterio.
Tomándolo muy en serio,
cantaría a su manera.
Si yo tuviera...

Si yo tuviera un anzuelo
con dos peces sobre el suelo,
para que el Niño añadiera
los cinco panes de trigo
con que se abriera un postigo
a las hambres callejeras.
Si yo tuviera...

Si yo tuviera una niña
que me llevara a su viña,
para que el Niño exprimiera
sus racimos soberanos,
yo batiría mis manos
con repique de palmera.
Si yo tuviera...

Si yo tuviera un cordero
librado del matadero
para que el Niño sintiera
que en el riel de su rebaño
nosotros, del mismo paño,
seguimos en su pradera.
Si yo tuviera...

Si yo tuviera un espejo,
vidrio nuevo en marco viejo,
para que el Niño me viera,
en Él me iría mirando
para entrar de contrabando,
con el clavo, en la madera.
Si yo tuviera...

Navidad 1993

# LA VERDAD, EL BIEN Y LA BELLEZA

LA VERDAD hecha por Dios
el primer día,
al descampado y sin amor
mendiga.
Ella sabe esperar.
Vendrá la hora
ineludible
de abrir sin concesiones,
ni trucos,
todas las cortinas.

LA VERDAD recobró
su lámpara perdida
cuando el Niño aceptó
dar su entrevista.

EL BIEN, toque de Dios
cuando nos hizo,
está braceando en arenales
movedizos,
con piel de oveja por gabán,
y ala de lobo
con metralla al cinto.

EL BIEN amaneció
con nuevo domicilio:
fue el aire que,
al nacer,
nos trajo al Niño.

LA BELLEZA con que Dios
vistió de azul y verde
la vida y los espacios,
amando que la amen,
aguarda en los tejados.
Algunas gentes
la miran sin mirarla,
bostezando.

LA BELLEZA de Dios
mortalizó su canto,
y el Niño reveló
la miel del llanto.

Navidad de 1997

# HOY ES EL TIEMPO

Hoy es el tiempo,
el tiempo preciso de multiplicar
un cántico a la vida,
y de estrujar
su voluntad obscura.
El tiempo señalado para escalar
los andamios imposibles
y deshacer
sobre todas las tristezas
un plumón llameante de granadas.
El momento para inundar
de harina y madreselvas
los barrios miserables,
plantar un cardumen de magnolios
en todas esa plazas
donde no crece el volantín
ni la memoria
y abrir una Oficina de Correos
para quienes nunca
recibieron una carta.

Hoy es el tiempo
del perdón.
No lo es mañana.
El tiempo
de cambiar las alabardas
por espigas,
antes que las charcas
ahoguen la dormida estrella
que aún titila
en el secreto candil
de nuestra sangre.

Es el tiempo elegido
para obstinarse
en descubrir las islas y los mares
relegados.
El tiempo de acaparar la dicha
y compartirla,
de fabricar una alameda
que dé sombra a todas las banderas,
y alegría
al desierto de los olvidados.

Hoy es el tiempo
en que todos
cuantos miran de reojo
y los con ojos claros,
barramos los rescoldos
y derribemos las murallas,
las cercas, los recelos,
la codicia, la máscara de vidrio
y el orgullo.
El tiempo preciso
de empujar el carro
con la misma convicción alegre
de la tierra a punto de parir.
El momento certero
para abrir entre todos
el cofre de los buenos días,
y abrigarnos
con ese poncho cristalino
de quienes llevan
un beso adolescente
entre las manos.

Hoy es el tiempo.
No mañana.
No permitamos
que prohíban al amor
trenzar su pulsera
de cítara y laurel
en todos los brazos
donde la vida esté naciendo
y avanzando,
allí donde aún tozuda parpadea,
hasta el último chispazo.
Es el momento de lanzar
la edición de una novela nueva
que en cada capítulo nos cuente
cómo la abundancia
ha abierto su granero a los desnudos,
cómo, los pájaros
agitan banderolas de oro
fuera de sus jaulas,
y los labriegos,
con su nobleza al hombro,
se reúnen para cantar
a la esperanza.

Navidad de 1990

# EPITAFIO

# ALGÚN DÍA

Mi tumba estará perdida
en algún rincón del cementerio;
yo, o lo que quede de mí
estaré abajo, en silencio.
Hasta que, un día cualquiera,
vendrán por el aire quieto
las voces de todo Chile
entonando un himno inmenso.

Vendrá la voz del minero
cantando desde el desierto;
la voz de la campesina
amasando el pan moreno;
la voz del niño en la escuela
donde el cantar será juego;
vendrá desde el mar azul
la voz de los marineros.

Desde la fábrica, clara
y ya libre de miedos,
vendrán las voces viriles
de los obreros.
Vendrá desde la ciudad,
del aula, el foro, el ejército,
la voz de la juventud
construyendo un Chile nuevo.

Y cantarán para mí
las montañas, los potreros,
los trigales y los pájaros,
los caminos polvorientos;
los hombres de Antofagasta,

los cargadores del puerto;
los chilotes de Dalcahue
y los de Tierra del Fuego.

Y porque salí a cantar
cuando nadie quiso hacerlo;
porque escribí poemas
cuando nos querían analfabetos,
y porque quise sembrar
cuando los demás durmieron;
porque postergué al ideal
el amor, el pan, el dinero;
ese día bajará hasta mi tumba
San Pedro y se abrirán para mí
las altas puertas del cielo.

Mario.

Bien,
mi buen siervo fiel;
fiel fuiste
en lo poco que te confié;
¡A cargo de mucho te pondré!
Entra aquí,
alégrate conmigo
tu Señor,
hasta los tiempos sin fin.

(Mateo 25:21)

# ALGUNAS FOTOS

1   Portada: **1987** - Tata Mario leyéndole poemas a su nieto David, muy de mañana, durante unas vacaciones. Ahí le comenzó el gusto por la poesía a mi hijo.

2   **1915** - Padres de Mario Baeza.

3   **1922** - En el colegio del Seminario. Mario es el tercero de izquierda a derecha en la segunda fila.

4   **1941** - Su casa familiar hasta que se casó, en el barrio Bellavista.

5   **1932** - Postulante a cura. Mario es el tercero de izquierda a derecha de la primera fila, abajo.

6   **1929** - Mario, a sus trece años, cursando humanidades en el Seminario.

7   **1958** - Dirigiendo un coro improvisado de obreros.

8   **1968** - Recibiendo de Alfonso Puelma la condecoración de la Cruz de Santiago.

9   **1972** - Coro UTE. Al centro abajo, Mario, Chita su esposa y Dr. Enrique Kirberg, director de la Universidad Técnica del Estado, hoy Universidad de Santiago.

10  **1969** - Coro de la UTE en Tlatelolco – México.

11  **1975** - Ensayo con su grupo de cantores del recién inaugurado Grupo Cámara Chile.

12  **1950** - Matrimonio de Mario Baeza y Chita Gacitúa.

13  **1952** - De vacaciones. Chita, Mario y sus dos hijas, Marcela (de pié) y Manola (bebé).

14  **1958** - Chita, Mario, Marcela (atrás) y Manola, en casa.

15  **1967** - Mario y Manola atrás, Marcela y Chita sentadas.

16  1980 - Mario, Chita, Marcela Manola en el parque durante vacaciones mis primeras vacaciones en Chile.

17  1980 - Siguen las vacaciones.

18  1981 - Tata Mario paseando a su nieta Javiera, segunda hija de Marcela.

19  1981 - Exilio en Ginebra. En la ciudad vieja, cuna de Calvino.

20  1982 - Durante su exilio, nace mi hijo David Andrés, aquí conmigo y su Tata en Chillon, Suiza.

21  1986 - Salida del colegio. Marcela con sus hijas Javiera y Valentina (atrás), y Francisca.

22  1993 - Tata Mario con su hija Marcela, a la izquierda, y sus nietas Francisca, hija menor de Marcela, entre ellos dos, Valentina su hija mayor y Javiera, la del centro, al otro lado de su abuelo.

23  1988 - Paseo en el Cerro San Cristóbal. Tata Mario, David y Chita. Manola sentada.

24  1996 - Con motivo de sus ochenta años es condecorado por el ministerio de Educación.

25  1996 - Condecoración Gabriela Mistral entregada por el ministro de Educación Juan Pablo Arellano.

26  1995 - En Las Cruces, Tata Mario, mi hijo David y Philippe mi marido.

27  1997 - Ultimo almuerzo en familia antes de nuestro regreso a Suiza y despedida final con mi papá. Al centro atrás, David; Alberto Abalo, Javiera y Mario; adelante, Manola, Chita, Francisca y Marcela.

28  1997 - Mario y Chita en casa de Marcela.

29  1998 - Mario, en su oficina de Miraflores, solo unos días antes de su muerte.

2

3

4

5

6

7

8

9

10

11

12

13

14

15

444

16

17

18

19

20

21

22

23

24

25

26

27

28

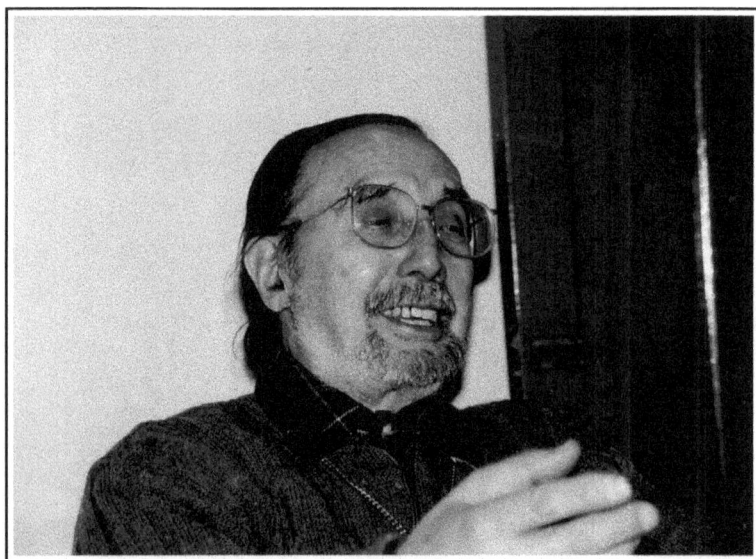

29

www.ingramcontent.com/pod-product-compliance
Lightning Source LLC
Chambersburg PA
CBHW071312090426
42738CB00012B/2679